AF470449

MAURICE SOULIÉ

LE ROMAN
D'UNE PARISIENNE
AU CANADA (1640-1650)

LE ROMAN
D'UNE PARISIENNE

AU CANADA (1640-1650)

DU MÊME AUTEUR

La mort et la résurrection de M. de la Pivardière. Un vol. in-16.

La grande aventure. *L'épopée du Comte de Raousset-Boulbon au Mexique*
(1850-1854). Un vol. in-16. Payot, Paris.

MAURICE SOULIÉ

LA GRANDE AVENTURE

LE ROMAN
D'UNE PARISIENNE

AU CANADA (1640-1650)

PAYOT, PARIS
106, BOUL. ST-GERMAIN

1927
Tous droits réservés.

AVANT-PROPOS

Dans certains passages, le récit qui va suivre paraîtra peut-être romanesque. Cependant, il est dans ses grandes lignes rigoureusement historique. Seulement l'auteur a cru pouvoir se permettre de raconter et d'interpréter plus librement quelques faits secondaires, sur lesquels on n'a d'ailleurs aucune certitude.

Les historiens de l'Acadie se sont tous plus ou moins passionnément attachés à l'épisode dramatique de la rivalité entre les deux suzerains d'Aunay et de La Tour. Et, sans doute à cause de la passion qu'ils apportèrent dans leur récit, ils ont souvent utilisé des témoignages très sujets à caution, parce qu'ils émanent de l'un ou de l'autre des deux rivaux, ou de leurs serviteurs.

Les seules précisions que l'on ait sur cette question sont données par les arrêts du Tribunal de l'Amirauté de Guyenne et du Conseil du Roy... qui se déjugèrent d'ailleurs à quelques années de distance. Encore ces documents n'ont-ils pas toujours été rapportés avec l'exactitude et l'impartialité désirables. Suivant le parti que les historiens de l'Acadie prenaient pour d'Aunay ou pour de La Tour, il leur est arrivé ,de tronquer certaines pièces, de façon à en altérer le sens, au gré de leurs sympathies historiques...

Ainsi, plus encore que leurs actes, les motifs d'agir des personnages demeurent-ils obscurs. Surtout la physionomie centrale du récit, celle de Marie de La Tour est si imprécise, que ses actions paraissent singulièrement incohérentes. Son origine, sa vie à Paris jusqu'à son mariage avec de La Tour, ne sont indiquées que par quelques points de repère. On connaît plus sûrement son existence en Acadie, du moins jusqu'à la prise du Fort Saint-Jean, mais entre les quelques faits avérés, il manque le fil qui les relie de sorte qu'ils s'expliquent l'un par l'autre.

C'est cet enchaînement que l'auteur s'est efforcé de reconstituer d'après certains indices, surtout psychologiques. Il espère avoir ainsi pu mettre en lumière cette figure ardente, si caractéristique de son époque. N'est-ce pas d'ailleurs le droit et le devoir des écrivains qui veulent essayer de faire revivre le passé ? L'Histoire n'est pas seulement un recueil de faits et de dates. Elle ne vit et ne se conçoit que par l'étude des sentiments *qui motivent les actions des personnages historiques. L'histoire des hommes mène celle des événements. C'est en cela que l'Histoire et le Roman sont si proches qu'on peut souvent les confondre.*

Au reste, l'auteur n'a pas cherché à écrire une relation précise des origines de la colonisation acadienne. D'autres l'ont fait, avec un grand souci d'exactitude qui ne les a conduits souvent qu'à une vérité relative. L'auteur s'est seulement évertué à faire revivre, autour d'événements et de personnages typiques, l'enfance d'une colonie française au commencement du XVIIe siècle. Celle de l'Acadie est d'autant plus intéressante qu'elle se développe dans les milieux les plus différents, entre Québec, Paris et Boston. Et les questions qu'elle suscite sont celles qui nous inquiètent aujourd'hui : difficultés de la trésorerie, rapacité des trafiquants qui ne connaissent pas d'autre patrie que celle de l'Argent, incertitudes et faiblesses du pouvoir... jusqu'à cette vague de mysticisme qui baigna la première moitié du XVIIe siècle et effleure notre époque...

Les sources de documentation sont nombreuses et abondantes.

L'« Histoire de l'Acadie Française » de Moreau, « Une Colonie féodale en Amérique » par Rameau de Saint-Père, la « Tragédie d'un Peuple » de M. Lau-

vrière, la « Critique de l'Histoire de l'Acadie » par l'abbé Couillard-Després, l'« Histoire du Canada » de Garneau, les « Origines religieuses du Canada » par M. Goyau, les Histoires américaines de Parkmann (Old Regime in Canada), de Winthrop (History of New-England) ont fourni la trame du récit. Tandis que dans les documents originaux : relations des Pères Jésuites, la Mission du P. Sagard, l'Histoire de la Nouvelle France, par Marc Lescarbot, les lettres de Marie de l'Incarnation, et toutes les pièces déposées aux Archives des Colonies et au « Fond français des Manuscrits » à la Bibliothèque Nationale, nous avons trouvé la couleur et la vie qui animent et éclairent les faits.

LE ROMAN D'UNE PARISIENNE
AU CANADA (1640-1650)

CHAPITRE PREMIER

"POUR LA CROIX ET LES LYS"

La Cadie, plus tard l'Acadie, et maintenant la Nouvelle-Ecosse est une presqu'île d'une superficie d'environ 50 milles carrés jouxtant le Canada. Au XVIe siècle, des marins malouins, basques et normands qui allaient pêcher la « molüe » sur le banc de Terre-Neuve, se laissèrent porter par les vents du sud jusque dans une baie plus tempérée. Quelques années plus tard, Jacques Cartier la reconnut et l'appela la Baie Française, qui est aujourd'hui la baie de Fundy. Il débarqua sur le rivage des bœufs qui s'y propagèrent et dont les premiers colons surpris retrouvèrent la race à demi-sauvage trente ans après.

Ceux-ci étaient partis du Hâvre de Grâce le 7 avril 1604. L'expédition comprenait 150 hommes montés sur deux navires de 300 tonneaux et deux pataches qui n'étaient que des barques pontées de 25 tonneaux. Elle était commandée par Pierre du Güa, sieur de Monts, gentilhomme ordinaire de la Cour, et gouverneur de Pons en Saintonge, qui avait « l'âme aventureuse et le cœur porté à des choses hautes, meu par de beaux désirs et un grand courage ».

La flottille ne fit d'ailleurs qu'un voyage d'exploration. Après s'être assuré des possibilités d'établir une colonie et un commerce de fourrures sur la côte d'Acadie, Pierre du Güa revint en France.

Malgré l'opposition de Sully qui ne croyait pas à l'avenir colonial de la France, craignant que des possessions d'outre-mer n'appauvrissent et ne dépeuplassent le pays, il obtint d'Henri IV un pouvoir officiel « de vice-roi et capitaine général tant en la mer qu'en la terre aux pays de La Cadie, Canada, et autres terres de la Nouvelle-France, avec mission de peupler, cultiver et fortifier les dites terres et convertir les indigènes d'icelles et pour y subvenir, sans rien tirer des coffres de Sa Majesté, le droit exclusif de trafiquer avec les sauvages des dites terres, pendant dix ans ».

Muni de ce privilège, aussi creux que sonore, le sieur de Monts organisa au capital de 60.000 livres, souscrites par des négociants rouennais, basques et rochelais, une société pour l'exploitation des fourrures. Ainsi il put équiper de nouveau une flotte composée de trois navires de 200 tonneaux, de 12 moyennes barques jaugeant de 15 à 20 tonneaux, et y assembler plusieurs gentilshommes soldats, prêtres et ministres « tant d'une religion que d'une autre, le tout faisant environ le nombre de 120, tous désireux de participer à la gloire et aussi au profit d'une si belle entreprise ».

· L'état-major se composait avec le baron de Monts, de l'armateur malouin Pontgravé, qui avait passé 70 ans et cependant ne craignait de se risquer dans une telle aventure, du sieur de Poutrincourt, du sieur Champlain, géographe du roi et de Marc Lescarbot, avocat au Parlement de Paris.

Jean de Biencourt, sieur de Poutrincourt, Seigneur de Marcilly et de Guibermesnil, baron de Saint-Just en Champagne, et autres lieux, avait longtemps combattu dans les rangs de la Ligue contre Henri de Bourbon. Il s'était ensuite rallié à Henri IV qui ne lui gardait pas rancune et l'estimait comme un des hommes « de plus de bien et des plus valeureux de son royaume ». Il vivait au château de Saint-Just avec sept enfants et 3.000 livres de revenu. C'était peu, même à cette époque. Comme il se sentait encore plein de vigueur et porté vers l'aventure, il voulut plutôt que de vieillir en végétant sur son maigre patrimoine champenois, tenter d'établir sa fortune et ensuite faire venir sa famille dans une terre nouvelle.

Champlain, le géographe du roi, était déjà célèbre par ses voyages, dans les Indes occidentales. Né en Saintonge, près de La Rochelle, au village de Brouage, après avoir été soldat pendant vingt ans, puis marin, il vivait à la Cour, protégé par Henri IV qui lui avait donné une grasse sinécure. A 55 ans, il paraissait vouloir désormais se tenir au repos, lorsque Aymard de Chastes, gouverneur de Dieppe, qui était son ami, le présenta au baron de Monts. Celui-ci, désireux de s'adjoindre un tel homme, bon géographe et marin éprouvé, lui demanda s'il ne voudrait pas se joindre à l'expédition « pour voir des pays nouveaux et les conter ». Champlain se laissa tenter. Son courage, sa bonté, sa piété, sa haute moralité et son esprit d'entreprise en ont fait le héros légendaire du Canada. Les « Voyages du sieur de Champlain, Xaintongeois, capitaine ordinaire pour le Roy en la marine, ou Relation très fidèle des observations faites es découvertes en la Nouvelle France », sont une des plus touchantes et des plus curieuses histoires qu'on puisse lire.

Il y avait encore dans l'expédition l'apothicaire Hébert, bourgeois de Paris, qui était venu chercher dans ce pays inconnu « des plantes et des remèdes nouveaux pour calmer les maux des humains, et les guérir si telle était la volonté de Dieu ». Il ne semble pas qu'il ait trouvé en Canada aucune panacée nouvelle, mais il s'y implanta malgré toutes les difficultés qu'il rencontra et ce premier colon fit souche d'une famille encore existante à Québec.

Le joyau de la troupe était le délicieux Marc Lescarbot, avocat au Parlement. Né à Vervins, vers 1580, il avait quitté Paris et le Palais, « pour fuir un monde corrompu » ; en réalité pour voir du nouveau, poussé par ce goût de l'Aventure qui agita tant d'hommes à la fin du XVIe et au commencement du XVIIe siècle. Tout en fantaisie et bonne humeur, cet écrivain délicieux, quand il n'éprouvait pas le besoin d'écrire en vers, a laissé de son voyage une relation charmante qui eut d'ailleurs un très grand succès à son époque.

Il s'embarqua dans le port de La Rochelle, sur le navire le *Jonas*, le 16 avril 1609.

« Depuis ce temps, nous fûmes un mois entier
« sans voir autre chose que ciel et eau, hors de
« notre ville flottante, sinon un navire environ
« l'endroit des Essores, bien garni de gens mêlés de
« Flamans et d'Anglais. Ils nous vinrent couper le
« chemin, et joindre d'assez près. Et, selon la cou-
« tume, nous leur demandâmes d'où était leur navire.
« Ils nous dirent qu'ils étaient Terre-Neuviens,
« c'est-à-dire qu'ils allaient en la pêcherie des
« molües, aux Terres-Neuves, et demandèrent si
« nous voulions qu'ils vinssent avec nous de com-
« pagnie de quoi nous les remerciâmes, sans toute-
« fois acquiescer. Là-dessus, ils burent à nous et
« nous à eux, et prirent une autre route. Mais après
« avoir considéré leurs vaisseaux qui étaient tout
« chargés de mousse verte par les côtés, nous
« jugeâmes que c'était des forbans et qu'il y avait
« longtemps qu'ils battaient la mer, en espérance de
« faire quelque prise. Ce fut lors que nous com-
« mençâmes à voir sauter les moutons de Neptune :
« ainsi appelle-t-on les flots blanchissants, quand la

« mer se veut émouvoir et ressentir les rudes esto-
« cades du trident dudit Neptune. Or ceci nous
« était présagé par les marsoins qui environnaient
« notre vaisseau par milliers, en se jouant d'une
« façon fort plaisante. Et de loin nous voyions
« d'autres gros poissons qui faisaient paraître plus
« d'un demi-arpent de leur échine hors de l'eau et
« poussaient à plus de deux lances de hauteur deux
« gros jets d'eau en l'air par les auvents et trous qu'ils
« avaient sur la tête. »

Le voyage fut encore animé par des disputes violentes entre les ministres protestants et les prêtres catholiques que le sieur de Monts avait réunis imprudemment. Les dimanches, sur le pont, pendant qu'un des ministres disait le prêche pour les matelots protestants, les prêtres catholiques affectaient de faire chanter des cantiques à haute voix par leurs fidèles. Plusieurs fois, la discussion dégénéra en coups de poings. Il y eut des yeux pochés et des bras cassés. Un des prêtres catholiques et un ministre protestant étant morts, M. de Poutrincourt, qui commandait sur le *Jonas* et avait « l'esprit de plaisanterie », ordonna de les faire jeter à la mer dans le même drap, « dans l'espoir qu'ils se réconcilieraient pour entrer ensemble au Paradis ».

Au mois de juin, le *Jonas* entra dans la baie française et salua la terre d'Acadie d'une volée de ses canons.

** **

Dans son précédent voyage, de Monts avait noté à l'embouchure d'une rivière, qu'il appela la rivière des Dauphins, un site qui lui avait semblé particulièrement favorable pour y fonder un établissement. Il l'avait nommé « Port-Royal ».

Des prairies s'étendaient jusqu'à la mer et la rivière coulait ensuite dans une vallée couverte de forêts de cèdres, de chênes, de bouleaux et de sapins.

Sur la plage, des sauvages peinturlurés, ornés de plumes et de coquillages, accueillirent les navigateurs avec mille démonstrations d'amitiés, gambadant et chantant. Ravis par cette réception idyllique, ils décidèrent de s'arrêter là pour y construire une maison fortifiée contre les attaques possibles et se mirent immédiatement à l'ouvrage. En trois mois, avec des madriers, de la boue séchée, des roseaux et des feuilles d'écorce d'arbres, ils édifièrent l'habitation du Port-Royal.

« Il y avait un grand logis et d'autres petits
« représentant comme un faubourg. Quelques-uns
« s'étaient cabanés près du rivage. Mais dans le fort
« était le logis du sieur de Poutrincourt, fait d'une
« belle charpenterie avec la bannière de France
« au-dessus. D'une autre part, le magasin fait sem-
« blablement de belle charpenterie et couvert de
« bourdeaux. Et sur les côtés du magasin, étaient
« le logis et maison du sieur Lescarbot, du sieur
« Champlain et autres notables personnes. A l'oppo-
« sition du logis du sieur de Poutrincourt, était une
« gallerie couverte pour l'exercice soit du jeu ou des
« ouvriers en temps de pluie. Entre les palissades
« qui entouraient l'habitation, était la plateforme des
« canons. En dehors, tout était rempli de jardins à
« quoi chacun s'exerçait de gaieté de cœur. »

La « gaieté de cœur » émanait surtout de Lescarbot. Ce Parisien lettré, sans regretter le tintamarre
des rues étroites de Paris et l'animation de la galerie
marchande, au Palais, s'était mis joyeusement à sa
besogne de colon.

« Jamais je n'ai tant travaillé de corps, pour le
« plaisir que je prenais à dresser et à cultiver mon
« jardin, le fermer contre la gourmandise des pour-
« ceaux, y faire des parterres, aligner des allées,

« bâtir des cabinets de verdure, semer froment,
« seigle, orge, avoine, fèves, pois, carottes et les
« arroser, tant j'avais désir de reconnaître la terre
« par ma propre expérience. Si bien que les jours
« d'été m'étaient trop courts et au printemps j'y
« étais encore à la lune. »

Mais, cet intellectuel, tout en jardinant, se gardait
bien de s'abêtir.

« Quant au travail de l'esprit, j'en avais honnête-
« ment ; car chacun étant rentré au soir dans la
« gaierie couverte, parmi les caquets, bruits et tin-
« tamarres, j'étais enfoncé en mon étude, lisant ou
« écrivant quelque chose. Même je serais honteux
« de dire qu'ayant été prié par le sieur de Poutrin-
« court, notre chef, de donner quelques heures de
« mon industrie à enseigner chrétiennement notre
« petit peuple, pour ne vivre en bêtes, et pour donner
« exemple de notre façon de vivre aux sauvages, je
« i'ai fait en la nécessité et étant requis par chacun.
« Et vint bien à point que j'avais porté ma Bible
« et mes livres sans y penser. Et cela ne fut du tout
« sans fruit, plusieurs m'ayant rendu témoignage que
« jamais ils n'avaient tant ouï parler de Dieu en si
« bonne part.

« Parmi lesquelles choses, je remercie Dieu de

« m'avoir toujours donné bonne et entière santé,
« toujours le goût généreux, toujours gai et dispos,
« sinon qu'ayant une fois couché dans les bois, près
« d'un ruisseau, j'eus une crampe ou sciatique sans
« toutefois manquer d'appétit. »

Cependant l'hiver survint et l'hiver en Acadie est une image de la mort. Pendant cinq mois, la neige couvrit le sol jusqu'à trois mètres de haut.

Dans cette solitude glacée, les artisans accoutumés à la douceur de France, prirent ce que nous appelons maintenant le cafard. Et le cafard engendra une maladie inconnue, terrifiante qu'ils appelèrent le « mal de terre » : « les jambes, cuisses et face enflent ;
« les lèvres se pourrissent et il leur survient de
« grandes excroissances ; l'haleine est courte, avec
« une fâcheuse toux ; les bras meurtris et le cuir
« tacheté, toute la personne languissante, avec grand
« ennui et douleur, sans rien pouvoir avaler sinon
« quelque peu de liquide. Le sieur Hébert, philo-
« sophant sur ceci, attribue la cause de ces maladies
« aux vapeurs que ceux-ci ont bu pendant l'automne,
« qui labourèrent et renversèrent premièrement ces
« terres chargées de la pourriture des feuilles. Son
« dire n'est pas impertinent. »

Cette maladie inconnue était le scorbut dont les

causes sont morales autant que physiques, ainsi qu'il arrive d'ailleurs dans la plupart des maladies.

Sur les 120 hommes de la colonie, onze seulement demeurèrent en santé.

« C'était les chasseurs qui, en gaillards com-
« pagnons, aimaient mieux la picorée que l'air du
« foyer, courir une bête sauvage que de se renverser
« paresseusement dans un lit, pestrir les neiges en
« abattant le gibier que de deviser de Paris et de
« ses rôtisseries, au coin du feu. »

Lescarbot remarque encore que les plus atteints étaient ceux qui logeaient dans un bâtiment dont les fenêtres donnaient sur le port. Ainsi, voyant la mer et la route de France, ils s'entretenaient dans leur mélancolie.

Ce fut alors qu'acharné à tuer le cafard, Marc Lescarbot eut l'idée charmante de fonder l'Ordre du Bon Temps.

« Je dirai que pour nous tenir noblement et
« joyeusement, fut établi un ordre de la Table du
« sieur de Poutrincourt, qui fut nommé l'Ordre du
« Bon Temps, suivant lequel ceux d'icelle table
« étaient maîtres d'hôtel, chacun à son tour qui
« était de quinze jours. Et il n'y avait d'aucun qui
« deux jours avant que son tour ne vint, ne fut

« soigneux d'aller à la chasse ou à la pêcherie. Et,
« n'apportât quelque chose de rare outre ce qui était
« notre ordinaire. Si bien que jamais au déjeuner
« ni au midi, nous n'avons manqué de saupiquets,
« de gibier ou de poisson et au repas du soir encore
« moins.

« Le soir, c'était le grand festin, où le maître
« d'hôtel, ayant fait préparer toutes choses au cui-
« sinier, marchait la serviette sur l'épaule, le bâton
« d'officier en main, le collier de l'Ordre au col, et
« tous ceux d'icelui ordre après lui, portant chacun
« son plat. Au dessert, avant de rendre grâces à
« Dieu, il résignait le collier de l'Ordre avec un verre
« de vin à son successeur à la charge. Ce qui fut si
« bien observé que, quoique les gourmets d'en-deçà
« (c'est-à-dire de France) nous aient dit souvent que
« nous n'avions pas la rue aux Ours de Paris, nous
« y avons fait ordinairement aussi bonne chère que
« nous aurions faite chez les traiteurs de cette rue
« aux Ours et à moins de frais.

« Pendant nos repas, nous avions toujours vingt
« ou trente sauvages, hommes, femmes et filles, qui
« nous regardaient officier. On leur baillait du pain
« gratuitement comme on ferait aux pauvres. Mais
« quant au Sagamos Membertou, et autres capitaines

« des sauvages, ils étaient à table avec nous, man-
« geant et buvant comme nous. Et nous avions
« plaisir à les voir, comme au contraire leur absence
« nous était triste.

« Ainsi tel régime nous servait de préservatif
« contre la maladie du pays. »

* * *

Les sauvages qui peuplaient l'Acadie appartenaient aux tribus des Mic-Macs, des Souriquois
des Abenakis et des Etchemins, tous d'ailleurs appa-
rentés à la race des Hurons ou Algonquins.

Les Mic-Macs nomades, vivant de pêche et de
chasse, souvent en guerre avec les Abenakis, vaga-
bondaient dans les alentours du Port-Royal. Ils
avaient tout de suite sympathisé avec les Français,
et leur grand chef, le Sagamos Membertou, fréquen-
tait assidûment l'établissement du sieur de Poutrincourt.

Ce curieux bonhomme était âgé, prétendait-il, de
plus de 100 ans. Mais cela étant impossible à contrôler, il suffit de savoir que Membertou, après avoir

été un guerrier éminent et particulièrement féroce, s'était fait sur ses vieux jours le pique-assiettes de la colonie française. Il vivait à ses dépens, mendiant du vin, du tabac et toutes sortes de fournitures, obséquieux et d'ailleurs très fidèlement attaché. Pour se faire tout à fait bienvenir du pieux Champlain, et en obtenir davantage, le vieux sauvage lui avait déclaré vouloir se convertir à la foi catholique, avec toute sa famille. Le capucin Jessy Flèche était le missionnaire convertisseur de la colonie. Par lui « le jour Saint-Jean-Baptiste 1610, au son du canon « et des trompettes, fut baptisé Membertou, grand « Sagamos âgé de plus de cent ans, et fut nommé « Henri par M. de Poutrincourt au nom du roi. « Son fils Actaudinèche fut le même jour nommé « Paul par le dit sieur de Poutrincourt au nom du « pape Paul. La seule difficulté vint de ce que ce « jeune homme, âgé de soixante-dix ans, refusa de « dire le *Pater Noster* en alléguant que s'il demandait « à Dieu de lui donner le pain quotidien, Dieu « ne lui donnerait sans doute plus ni poisson ni « gibier ».

Après leurs chefs, les Mic-Macs se convertirent à baptême qui veux-tu.

En réalité que valaient ces conversions ?

Les Mic-Macs comme les Hurons et les Algonquins n'étaient pas si sauvages que l'on pense. Il
est vrai qu'ils torturaient cruellement leurs prisonniers de guerre avant de les tuer et ensuite les
mangeaient pour se communiquer leur courage.
Mais, en dehors de cette coutume, ils pratiquaient
quelques vertus sociales résumées dans les sept
commandements suivants, traduits du huron par
le P. Sagard.

I. Ne pardonner jamais ni faire grâce à un ennemi.

II. Dérober que pourra aux étrangers pourvu
qu'on n'y soit point appréhendé.

III. Conviennent qu'il est loisible à un chacun
de connaître à son gré la fille et femme d'autrui,
sans violence toutefois, et en pareil cas les femmes
et filles d'aller aux hommes et garçons sans pouvoir
encourir blâme ou note d'infamie.

IV. Que c'est un devoir d'assister les malades et
ne souffrir aucun mendiant sans lui faire part de
ses biens.

V. Aussi de recevoir courtoisement les passants
qui ne sont point ennemis et se rendre hospitalité
réciproque.

VI. Que personne ne se fâche pour chose qui
arrive s'il ne veut être estimé efféminé, à moins

qu'il ne s'agisse de l'honneur des défunts qui ne se peuvent venger.

VII. Avoir un grand soin des os des défunts et faire des présents aux manitous pour le soulagement des âmes en l'autre vie.

Somme toute, cette forme de vie sociale, basée sur la liberté, la charité, le culte des morts et la dignité, ne vaut-elle pas la nôtre ?

Leurs croyances religieuses rappellent aussi singulièrement les légendes qui sont à l'origine du christianisme. Ils croyaient à l'immortalité de l'âme qui s'en allait après la mort en suivant la Voie Lactée dans un paradis où l'on chantait, dansait et chassait des gibiers abondants. Leurs divinités principales formaient une trinité composée d'Atahocan, le créateur du monde, de sa femme Eclatensic, qui personnifie la Terre, et de son fils, Youshaka, qui venait souvent se mêler aux hommes. Il y avait encore dans le Paradis des Dieux un esprit nommé Messou qui portait sur la terre les messages d'Atahocan. Des esprits qui s'appelaient des « manitous » résidaient dans les animaux, les végétaux, et même les pierres. Au Paradis, les âmes des hommes se mêlaient avec celles des chiens et celles des autres animaux et des choses, à tel point que les « âmes des hommes morts allaient à la chasse des âmes des animaux avec les âmes de leurs chiens et les âmes de leurs outils ». Aussi, avant de tuer un gibier ou de brûler un arbre, faisait-on des offrandes propitiatoires aux « manitous » de l'animal ou de l'arbre en lui promettant de respecter ses os ou ses cendres.

Le Père Sagard, missionnaire Recollet, qui a longtemps vécu parmi eux et les juge avec une liberté d'esprit et une bonne foi surprenantes, se demande souvent s'ils gagneront beaucoup à être convertis.
· « En même temps qu'ils seront faits chrétiens, je
« crains bien qu'ils perdront leur simplicité et repos,
« non pas que la loi de Dieu porte cette nécessité,
« mais la corruption glissée entre les chrétiens se
« communique facilement entre les Barbares con-
« vertis qui sucent avec les doctrines des saints le
« mauvais esprit de ceux qui les fréquentent. »
Il dit encore :
« C'est à grand tort qu'on prétend d'eux que ce
« sont des bêtes, gens cruels et sans raison ; ils
« parlent avec beaucoup de jugement, et pour la
« cruauté, je crois que ni Espagnols, ni Flamands,
« ni Français, ni Anglais ne leur doivent rien à
« cet égard. »

Enfin il laisse entendre que leurs conversions n'étaient peut-être pas aussi solides qu'on avait l'air de le croire.

« Si on ne leur donnait plus de tabac et de vin,
« seraient-ils si bons catholiques et se contente-
« raient-ils vraiment de l'eau du baptême ? Ecou-
« teraient-ils aussi bien la leçon de catéchisme
« si ce n'était devant les plats remplis ? Et souvent
« ils se moquaient de nous parce que nous voulions
« les enseigner en leur langue et ils nous apprenaient
« des paroles déshonnêtes que nous allions naturelle-
« ment prêcher pour belles sentences de l'Evangile,
« d'où il s'en suivait une risée générale. »

A la mort de Membertou, il s'éleva de sérieuses difficultés. Les guerriers de la tribu menacèrent d'entrer sur le « sentier de guerre » si le vieux Sagamos n'était pas enterré à la façon de leurs aïeux, c'est-à-dire exposé tout nu pendant plusieurs jours dans une litière faite de peaux de castors élevée sur des tréteaux. Il fallut y consentir.

*   *
*

Le quatrième hiver était passé. Les glaces et les neiges avaient fondu ; les arbres fruitiers rosissaient.

Les rivières se couvraient de nénuphars et les prés de jacinthes, d'anémones et de cyclamens. La récolte des légumes et des céréales s'annonçait bonne. Une année heureuse se préparait.

Le 24 mai, le *Jonas* revint de France où il était allé chercher des hommes, des vivres et des marchandises pour faire la « troque » avec les sauvages. Mais au lieu que son retour donnât lieu comme tous les ans à des joyeusetés et divertissements, cette fois, il apporta la consternation.

Envieuse des bénéfices obtenus par la société des marchands associés pour l'exploitation des fourrures, une compagnie rivale s'était fondée et avait obtenu d'Henri IV, qui avait toujours besoin d'argent pour remplir les caisses du Trésor, la révocation du privilège accordé au sieur de Monts, et ce moyennant une indemnité dérisoire.

C'était la ruine. Poutrincourt essaya vainement de représenter à ses compagnons qu'ils pouvaient encore vivre de la terre, bonne pour leur assurer les nécessités de la vie.

Sur cent colons, huit consentirent à rester au Port-Royal pour cultiver le sol sans espoir de s'enrichir par le trafic des fourrures.

« Ainsi ce fut grande tristesse de voir si belle et

si sainte entreprise rompue. Ce nous était grand
deuil et la douleur nous poignait ». Et Lescarbot,
pour la première fois mélancolique, ajoute en vers
moins heureux que sa prose :

« Faut-il abandonner les beautés de ce lieu
« Et dire au Port-Royal un éternel adieu ?
« Ah! que j'ai de regrets que vous ne savez pas,
« Pour cette terre d'ici les attrayants appas. »

Les colons s'embarquèrent le 7 août de cette
année funeste. Poutrincourt embrassa les sauvages
qui, agitant armes et bras, les accompagnaient sur
la plage, les yeux pleins de larmes.

Cependant il ne se découragea pas encore. A
Paris, durant plusieurs mois, il battit le pavé pour
retrouver des bailleurs de fonds. Aux Eschevins, les
conseillers municipaux d'alors, il adressa cette sup-
plique :

« Pour établir le pays, une petite dépense suffirait ;
« un ou deux navires amenant chaque année dans
« ces pays les plus pauvres gens de la Ville, ce qui
« soulagerait beaucoup de familles grevées de trop
« d'enfants. Je ne voudrais pas faire échange du
« Pérou à cette terre, si une fois elle était sérieusement
« habitée. Pères du peuple, vous qui avez le navire
« pour marque des trophées de vos ancêtres,

« laisserez-vous périr cette gloire de la mer, et
« n'aiderez-vous pas aux navigateurs de Nouvelle-
« France? »

Mais les Pères du peuple de Paris avaient d'autres
soucis en tête, plus proches, d'ailleurs à peu près
les mêmes qu'aujourd'hui. Ils se contentèrent de
rédiger une circulaire et de l'envoyer dans les bonnes
villes de France pour les engager à s'intéresser à
l'entreprise.

Enfin Henri IV, influencé par son confesseur
jésuite, le Père Cotton, ratifia au sieur de Poutrincourt le privilège et la propriété du Port-Royal, et
lui promit une pension annuelle de deux mille francs,
qu'il ne reçut bien entendu jamais, à condition qu'il
mènerait avec lui deux jésuites, le Père Biard,
professeur de théologie à Lyon, et le Père Massé,
confesseur de Marie de Médicis et de plusieurs
dames de la Cour.

Dès lors, les choses s'embrouillèrent de plus en
plus. Les Jésuites et les « méchants petits mercandets » de Saint-Malo, Dieppe et La Rochelle ne
s'entendirent pas et se battirent sur le dos du
malheureux Poutrincourt.

Protégés par Mme de Guercheville, haute et
puissante dame qu'Henri IV choyait d'autant plus

qu'elle lui avait tenu rigueur, les Jésuites, dotés d'un vaisseau armé, la *Fleur de May*, et de grasses subventions, conçurent le projet de fonder en Acadie, sur le modèle du Paraguay, une colonie qui serait sous leur entière domination, débarrassée des autorités civiles et des marchands. Jugeant que Port-Royal était un repaire infecté de « mercandets », forts de l'appui du roi, ils déménagèrent et commencèrent à jeter plus loin, dans la baie de Saint-Sauveur, l'ébauche d'une colonie religieuse.

Cette fois Poutrincourt, privé de toutes ressources, renonça à une tentative de colonisation, qu'il jugeait impossible « en raison du caractère des Français ».

Il se retira dans ses terres de Saint-Just et y vécut avec sa famille en gentilhomme-fermier. Quelques années plus tard, pendant la Fronde, il reprit du service pour défendre sa baronnie contre les troupes de Condé et fut tué à l'attaque de la ville de Méry-sur-Seine.

Ce bon Français était destiné à être ruiné et tué par des Français. Il n'est pas le seul...

L'ennemi héréditaire, c'est-à-dire l'Anglais, se chargea de le venger.

Il venait des côtes d'Amérique, où la Virginie s'accroissait, menaçante.

Fondée dix ans auparavant, par un débarquement de gentilshommes ruinés ou tarés et de vagabonds, la colonie avait eu des débuts extrêmement difficiles. Malgré l'énergie de John Smith, le chef de l'entreprise, ces hors-la-loi paresseux et indisciplinés, incapables de se plier à une action commune, n'avaient été sauvés du désastre que par l'arrivée d'un nouveau chef, lord Delaware, celui-là officiellement envoyé en qualité de gouverneur par le roi Jacques Ier. D'une poigne de fer, il rétablit l'ordre ; la colonie commença à prospérer et continua après sa mort, sous la main encore très lourde de son successeur, sir Thomas Dale, surnommé le Grand Maréchal.

Dès qu'elle se sentit en force, la première ambition de la jeune colonie fut de mettre à mal et d'accaparer ses voisins, les établissements des Espagnols en Floride et ceux des Français en Acadie et au Canada. Dans ce but très humain, sir Thomas Dale était secondé par un homme que les historiens américains eux-mêmes qualifient de pirate.

Le capitaine Samuel Argall, aventurier gallois, brutal, violent et rusé, une sorte de faucon de mer, fut dépêché par sir Thomas pour saccager d'abord l'Acadie française qui était la première, à sa portée.

Argall commença par s'en prendre aux établissements des Jésuites à Saint-Sauveur. La *Fleur de May* était au mouillage dans la baie et le capitaine La Saussaie à terre, paisiblement occupé à la pêche, lorsque le Père Biard, qui se trouvait à bord avec le frère lai, du Thet, vit surgir le pirate : « plus vite « qu'un dard, ayant le vent à souhait, le pavillon « d'Angleterre flottant, les trois trompettes, les deux « tambours faisant rage de sonner. »

Dans cette fâcheuse conjoncture, le Père Biard, qui n'était pas excessivement brave, ne trouva rien de mieux à faire que de se mettre à genoux et de prier Dieu. Le Frère du Thet, plus guerrier, ordonna aux trois marins qui étaient restés sur le navire de charger les deux canons du bord. Malheureusement, aucun d'eux n'en connaissait la manœuvre ; avant qu'ils eussent mis la poudre dans l'âme des pièces, une volée de mitraille balaya le pont. Le Frère du Thet tomba « outré ». Le Père Biard et les matelots firent immédiatement le signal qu'ils se rendaient à discrétion.

Le capitaine Argall ajouta à cette agression violente une perfidie qui semble inutile. Ayant fouillé les cabines de la *Fleur de May,* il trouva dans un tiroir de la commode du capitaine La Saussaie ses lettres de Commission du Roi et il s'en empara.

Lorsque le dit capitaine revint vers son bord; chargé de poisson, après une pénible surprise, Argall l'ayant fait comparaître devant lui, entre deux marins anglais, l'accusa brutalement de naviguer sans Commission, c'est-à-dire d'être un pirate susceptible d'être pendu sans autre forme de procès. La Saussaie, honnêtement indigné, voulut lui montrer ses papiers portant le sceau du Roi. Il les chercha et naturellement ne les trouva pas. Alors Argall déclara la *Fleur de May* et tous ses passagers de bonne prise, les conduisit à James-Town où le gouverneur sir Thomas Dale voulut bien se contenter de les retenir prisonniers.

Le faucon de mer s'élança ensuite dans la Baie Française pour détruire ce qui restait de Port-Royal.

« La malédiction et la rage de beaucoup de chrétiens est telle qu'il se faut garder d'eux plus que des peuples infidèles, car c'est gens maudits et abominables pires que des loups. »

* * *

...Cependant le bon génie qui veille sur la destinée de la France et la sauva si souvent d'elle-même, lui donnait Richelieu. Ce grand homme d'Etat, qui était d'une autre envergure que l'étroit provincial Sully, voulut toute sa vie l'expansion de la puissance française sur mer et aux colonies :

« Il semble que la nature ait voulu offrir à la
« France l'empire de la mer pour l'avantageuse
« situation de ses côtes, également pourvue d'excel-
« lents ports, aux mers océan et Méditerranée.
« Ainsi Dieu a-t-il logé la France au lieu le plus
« commode et avec les plus grands avantages de mer
« en lui donnant pour main droite l'Océan, et pour
« main gauche la Méditerranée. C'est pourquoi notre
« faiblesse dessus les mers nous fait mal au cœur. »

Aussi le cardinal ne tenait-il à aucun de ses titres plus qu'à celui de Grand Maître, Chef et Surintendant de la navigation et du commerce.

C'est en cette qualité qu'il apposa sa signature fine et impérieuse en tête de la charte des Cent associés réunis pour constituer au capital de 300.000 livres une compagnie de fourrures et fonder une colonie destinée à l'expansion de la puissance française et la conversion des peuples infidèles.

Il n'est pas absolument certain que la conversion des infidèles et même l'expansion de la puissance française tînt la même place parmi les préoccupations des Cent associés que l'espoir d'exploiter les fourrures avec un bénéfice de 300 pour cent. Mais Richelieu était tout de même cardinal et le parti des dévots dominait alors en France. Comme il ne s'attardait pas en préliminaires et paperasseries, avant même que le traité de Saint-Germain-en-Laye, en 1632, n'eût officiellement rendu à la France l'Acadie et le Canada, le Cardinal fit partir du port d'Auray une flotte composée de trois vaisseaux de quarante canons, escortant deux transports, chargés de trois cents hommes d'élite, Bretons ou Tourangeaux, célibataires, sauf une douzaine qui amenaient leurs femmes... et de plusieurs capucins.

Le chef de l'expédition était le commandeur Isaac de Razilly, de vieille noblesse tourangelle, chevalier de Malte et chef d'escadre. Champlain qui l'accompagnait en qualité de lieutenant de la Nouvelle-France témoigne que :

« M. le commandeur a toutes les qualités « d'un bon et parfait capitaine de mer, prudent, « sage, laborieux, poussé d'un saint désir de tra- « vailler à la gloire de Dieu et de porter son courage « au pays de la Nouvelle-France, pour y arborer « l'étendard de Jésus-Christ et y faire fleurir les lys. »

Tandis que Champlain avec une partie de la flotte

poussait jusqu'à Québec, le commandeur de Razilly s'arrêtait sur les côtes d'Acadie. Dans la Baie Française, il se fit d'abord restituer par les Anglais le Port-Royal et le Fort Saint-Jean, avec mille difficultés provenant de leur mauvaise foi. Il s'établit au Port-Royal où il mourut subitement après avoir réparti la colonie en trois fiefs attribués aux sieurs Nicolas Denys, Charles de la Tour et Charles d'Aunay de Menou-Charnisay.

Nicolas Denys, qui fut un négociant avisé et entreprenant, acheta pour quinze mille livres le littoral du Golfe Saint-Laurent, depuis le détroit de Canseau jusqu'à la Baie des Chaleurs. Il fixa sa résidence au Cap-Breton, où il fit un grand commerce de pêcherie, de pelleteries, et surtout de bois de construction.

Charles de la Tour eut le fort et l'habitation de la rivière Saint-Jean avec les terre adjacentes jusqu'au Saint-Laurent.

A cause de la situation du fort Saint-Jean à l'embouchure d'une rivière qui pénétrait dans les territoires les plus giboyeux de l'Acadie, il put établir là un trafic de fourrures qui lui rapportait jusqu'à cent cinquante mille livres par an.

Port-Royal et toute la côte occidentale échurent à Charles d'Aunay de Menou-Charnisay.

CHAPITRE II

———

« IL N'EST TELLES HAINES QUE DE VOISINAGE. »

Les deux plus proches voisins, Charles-Amador de La Tour et Charles d'Aunay de Menou-Charnisay, étaient aussi différents que deux hommes peuvent l'être.

Charles d'Aunay descendait d'une lignée qui tient encore le premier rang dans le Bas-Berry aux confins de la Touraine. Le château de Charnisay, berceau de la famille est maintenant transformé en ferme, aux environs de Loches.

Le père de Charles d'Aunay, le comte Henri de Charnisay, avait été un des plus brillants courtisans de la cour barbare et raffinée d'Henri III. Officier et diplomate, il avait écrit des ouvrages sur le duel et l'équitation qui faisaient encore autorité. Il vieillissait noblement à Paris dans son hôtel de la rue de Grenelle-Saint-Germain.

Son fils Charles avait été officier de marine sous

le commandement du sieur de Razilly. Quand l'amiral forma son corps d'expédition pour la Nouvelle-France, il offrit à Charles d'Aunay, dont il connaissait la valeur, de se joindre à lui en qualité de lieutenant. D'Aunay aimait l'Aventure, et sa fortune patrimoniale se trouvant médiocre, il espérait encore l'augmenter par le commerce des fourrures, que les gentilshommes étaient autorisés à « pratiquer » sans déroger, par édit d'Henri IV. Honnête homme, de hautes façons, brave, entreprenant, laborieux et fermement attaché à ses devoirs de chrétien, il avait les défauts qui contrebalancent souvent ces belles qualités ; c'est-à-dire qu'il était violent, têtu, impatient de toute contradiction, orgueilleusement attaché à ses prérogatives, bon pour ses inférieurs à condition qu'ils n'essayassent pas de lui résister, et intolérable pour ses égaux.

Charles-Amador de La Tour était fait exactement à l'inverse.' Il aimait vivre le plus agréablement possible. Et il avait toutes les qualités requises pour y réussir. Jovial, astucieux, opportuniste, ne s'embarrassant pas de trop de scrupules, et surtout n'essayant jamais de lutter quand il ne se croyait pas certain de la victoire, il était doué d'un charme enveloppant qui endormait les résistances, inspirait confiance et lui ouvrait les cœurs. Beau parleur, d'aspect séduisant, il manquait rarement d'engluer la proie qu'il convoitait.

Les historiens de la Nouvelle-France ont beaucoup glosé sur son origine. La plupart, partisans de d'Aunay, s'en réfèrent aux Mémoires que le dit d'Aunay adressa au Roi pour se plaindre des agissements de La Tour. Suivant ce document, Charles « Latour » serait le fils d'un maçon manceau, nommé Turgis, que le sieur de Poutrincourt avait amené avec lui dans sa première expédition. Charles-Amador, après être resté au Mans jusqu'à dix-sept ans, serait venu rejoindre son père en qualité de valet de chambre de Biencourt.

Au contraire, son petit-fils fit imprimer un Mémoire dans lequel il dit « que son aïeul, Claude « de Turgis de Saint-Etienne de La Tour, gentil-« homme issu d'une famille distinguée du Perche, « renonçant aux avantages qu'il avait lieu d'attendre « dans le royaume, en récompense des services « importants qu'il avait rendus à l'Etat en qualité « de capitaine de vaisseau, suivit le sieur de Pou-« trincourt en la Nouvelle-France dans le seul but « d'être plus utile à sa Patrie et d'appliquer son zèle « à la conversion des sauvages. »

Son fils Charles aurait continué après sa mort l'œuvre patriotique et chrétienne qu'il avait entreprise·

Il paraît probable que la vérité est entre ces deux exagérations.

Lorsque les Anglais se rendirent maîtres de l'Acadie, de La Tour vécut quelques rudes années. Coupé de toute communication avec la France, n'ayant d'autre ressource que la chasse et la pêche dans un territoire occupé par les tribus sauvages, il avait appris leur dialecte, vécu parmi eux, et épousé une sauvagesse dont il eut une fille qui fut baptisée plus tard sous le nom de Jeanne.

En ce temps, il fut le héros d'une aventure qui donna matière à plusieurs romans et à des pièces de théâtre américains. Son père Claude de La Tour, au cours d'un voyage en France, avait été capturé par un navire anglais, mené prisonnier en Angleterre et là, il aurait épousé une dame d'honneur d'Henriette Stuart. Le roi Charles le fit Chevalier de la Jarretière et l'obligea, au prix de ses bonnes grâces, à s'embarquer pour l'Acadie, afin d'engager son fils à se rendre aux Anglais corps et biens.

« Il offrit à ce dit fils l'ordre de la Jarretière, une « mission pour commander, et de grandes récom- « penses : mais ces avantages, ni les prières d'un

« père ne furent pas capables de tenter un instant
« sa fidélité. Il résista à ce que la fortune a de plus
« brillant et aux sentiments de la nature. Ce mauvais
« succès ne permettant pas au sieur de Saint-Etienne
« de retourner en Angleterre, son fils ne put lui
« refuser l'asile qu'il demanda. Il lui fit bâtir un
« logement à quelque distance du fort, où il regretta
« sa faute et l'effaça par ses fidèles services au roi
« de France. »

Jusqu'à quel point cette belle histoire est-elle
vraie ? Il est impossible de le savoir ; cependant
Champlain la raconte telle quelle dans le récit
de ses voyages, mais Champlain avait autant de
naïveté que de bonté d'âme.

En tous cas, le chevalier Claude de Saint-Etienne,
seigneur de La Tour, et Charles de Saint-Etienne,
son fils, promus baronnets d'Ecosse, sous le titre
de Lords de « Saint-Denniscourt », signèrent avec le
chevalier Guillaume Alexander, seigneur de Mens-
trie, lieutenant de la Nouvelle-Ecosse en Amérique
pour le roi d'Angleterre un accord, d'après
lequel « le dit seigneur Alexander, portant grand
respect au dit chevalier de La Tour et à son fils,
tant pour le mérite de leur personne que pour leur
assistance à la meilleure reconnaissance du pays,

leur octroie le pays et côtes d'Acadie depuis le Cap Fourchu jusqu'à La Hève, à condition qu'ils promettent d'être bons sujets et vassaux du roi d'Angleterre et lui rendent toute obéissance... Pour le trafic de la pelleterie, le dit seigneur Alexander et La Tour le feront en communs frais et partageront le gain et profit d'icelle. »

Cette dernière clause commente toutes les autres. Les Anglais étant maîtres de l'Acadie, il fallait quitter le pays, renoncer à un commerce qui donnait d'excellents résultats et retourner en France pour y battre la misère, ou devenir Anglais jusqu'à ce que les Anglais fussent chassés par un retour des Français.

Charles de La Tour n'était pas un héros parce qu'il avait un sens trop précis des réalités, choses et hommes. Il touchait quarante ans ; sa vie était faite en Acadie; il préféra y demeurer, pliant le dos, en attendant les événements.

On ne saurait l'en louer ni l'en blâmer non plus.

Et il faut bien croire que le cardinal de Richelieu, qui ne passe pas précisément pour avoir été coulant, comprit sa situation et ne lui tint pas rigueur, puisque deux ans après, lorsque le Canada redevint français après le traité de Saint-Germain-en-Laye, il le nomma lieutenant général du Roy et lui envoya deux vaisseaux de ravitaillement avec armes et hommes pour faire bâtir une habitation où il voudrait. C'est alors qu'il construisit et fortifia le Fort Saint-Jean, d'où il fit d'ailleurs quelques excursions heureuses contre les postes anglais attardés. Il gagnait beaucoup d'argent et menait joyeuse vie avec les coureurs des bois qui chassaient pour lui les animaux à fourrure. Ses navires lui apportaient les meilleurs vins de France... et les femmes sauvages étaient de mœurs faciles. Peut-être manquaient-elles un peu de raffinement, voire même de propreté, mais ces hommes demi-sauvages n'y regardaient pas de si près. Il paraît d'ailleurs, d'après plusieurs relations, que ces sauvagesses avaient des délicatesses de pudeur qui étonneraient nos dames européennes.

* * *

En face du Fort Saint-Jean, à douze lieues de mer environ, Charles d'Aunay menait au Port-Royal une vie plus sévère, mais aussi plus honorable que celle de son voisin.

Suivant la coutume de ses ancêtres, il avait constitué son domaine en fief terrien réparti entre une trentaine de fermiers, astreints à lui payer une rente annuelle d'un sou par arpent, plus une redevance annuelle en volailles et l'obligation de faire moudre leur blé au prix d'un sac de grain, dans le moulin qu'il avait fait construire sur la rivière des Dauphins.

Cela était loin de constituer un revenu comparable à celui de la troque des fourrures que pratiquait son voisin. Et comme il avait l'instinct héréditaire des établissements durables, il avait agrandi l'ancienne habitation du Port-Royal bâtie par Poutrincourt, l'avait fortifiée, flanquée de bastions, fournie de cinquante canons et il y logeait une garnison de 160 hommes, sous le commandement d'un chef de milice qui s'appelait Jacques Malençon, surnommé la Verdure. Dans le port, il avait ordonné la construction de cinq pinnaces, de plusieurs chaloupes et de deux petits vaisseaux d'environ 70 tonnes chacun. Il avait encore établi hors des palissades un séminaire de douze capucins pour desservir la colonie, faire des missions parmi les peuplades sauvages, recevoir et instruire des enfants Mic-Macs et Abenakis.

Tout cela lui coûtait fort cher, l'obligeait à vendre l'une après l'autre ses fermes de Touraine.

En 1634, pendant un voyage qu'il fit en France, il avait épousé la fille d'un des « Cent associés », Jacques Motin de Courcelles, contrôleur du grenier à sel dans le pays de Charolais. Jeanne Motin apporta à son mari une dot de trente mille livres, mais aussi un surcroît de dépenses, les enfants survenant.

Comme il était souvent obligé de s'absenter du Port-Royal, en voyages dans le pays, ou bien en France, afin de ne pas laisser sa femme seule dans cette sauvagerie, d'Aunay lui avait adjoint une dame de compagnie, Mme de Brice, veuve ruinée, austère, de haute réputation et sans aucun agrément.

Jeanne Motin, ni belle ni laide, peu intelligente, très provinciale, était de maigre ressource pour égayer le séjour du Port-Royal. Confite en dévotion, souvent souffrante et ordinairement geignante, elle était encore déprimée par ses maternités successives et la violence autoritaire de son mari. Tremblante devant lui, elle ne se redressait que devant ses inférieurs, qu'elle traitait de haut, infatuée d'être « haute et puissante dame, comtesse d'Aunay de Menou-Charnisay, épouse du lieutenant général du Roy ».

Les fermiers de la colonie ne l'aimaient pas et

A Logemens des artifans.
B Plate forme où eſtoit le canon
C Le magaſin.
D Logemēt du ſieur de Pontgraué & Champlain.
E La forge.

F Paliſſade de pieux,
G Le four.
H La cuiſine.
O Petite maiſonnette où l'on retiroit les vtanſiles de nos barqueſique de puis le ſieur de Poitrincourt fit

rebaſtir, & y logea le ſieur Boulay quand le ſieur du Pont s'en reuint en France.
P La porte de l'abitation.
Q Le cemetiere.
R La riuiere.

L'HABITATION DU PORT-ROYAL

d'ailleurs ne la voyaient que le dimanche à la messe, dans la petite chapelle de bois.

Souvent, pendant les longues soirées de l'hiver canadien, d'Aunay se demandait s'il n'aurait pas mieux fait de rester avec son père dans la joyeuse ville de Paris en son hôtel de la rue de Grenelle-Saint-Germain et d'y vivre selon sa qualité d'un des premiers gentilshommes de la Cour.

*
* *

Entre les deux voisins, les chicanes étaient incessantes.

De La Tour, jaloux de son commerce de fourrure, prétendait être seul à le pratiquer sur les côtes d'Acadie. Lorsque d'Aunay ayant fait construire assez de bateaux pour pouvoir exporter en France des pelleteries et importer les objets qui servaient à la troque avec les sauvages, commença de lancer sur la Baie Française quelques pinnaces chargées de fourrures, de La Tour voulut s'y opposer en prétendant que les animaux avaient été tués sur son territoire.

Il fit saisir par son capitaine de mer, le sieur Jamin, et mener au Fort-Saint-Jean une pinnace qui portait pour douze mille livres de peaux de castors. D'Aunay adressa une plainte à la Rochelle, au tribunal de l'Amirauté de Guyenne. Les juges lui donnèrent gain de cause, mais de La Tour n'en tint aucun compte et désormais d'Aunay dut faire accompagner ses envois de pelleteries par un vaisseau armé.

Il y avait aussi entre eux des piques de préséance. Bien que le commandeur de Razilly les eût nommés tous les deux lieutenants du Roi, chacun dans son district, d'Aunay avait une certaine supériorité sur de La Tour, parce qu'il était chargé de rendre compte à Paris des événements qui se passaient en Acadie. A l'occasion de l'inauguration à Québec de l'église de Notre-Dame de la Recouvrance, ils furent tous les deux mandés par le gouverneur du Canada, M. de Montmagny, pour tenir conseil avec lui sur diverses questions. D'Aunay eut dans tous les cortèges, aux cérémonies officielles, le pas sur de La Tour qui s'en montra si offensé qu'il quitta brusquement Québec.

Cependant, au Fort-Saint-Jean, la solitude commençait à lui peser. A mesure que sa fortune grandissait, il sentait davantage le besoin d'avoir une maison tenue par la main d'une femme, pour recevoir les armateurs, les marchands et les voyageurs qui venaient le visiter. Il espérait ainsi faire pièce à son voisin de Port-Royal et donner au Fort Saint-Jean le renom d'être le plus considérable des établissements français en Acadie.

Enfin il arrivait à l'âge où fleurit dans le cœur des hommes la dernière petite fleur bleue, et les femmes sauvages ne suffisaient plus à son bonheur.

Depuis quelque temps, un souvenir l'obsédait ; c'était celui d'une petite fille qui avait été sa compagne d'enfance au Mans, où il avait habité chez sa grand'mère jusqu'à sa première jeunesse. Elle s'appelait Marie Jacquelin et son père tenait une échoppe de barbier dans la rue du Puits-qui-parle. Il avait joué avec elle à des jeux d'enfants et ensuite à des jeux moins innocents. Quand son père le fit venir en Acadie, il eut un gros chagrin, jura à sa petite amie un amour éternel, et puis il s'était consolé, l'avait oubliée et n'avait plus jamais entendu parler d'elle. Depuis quelques mois, le souvenir lui en était revenu sans qu'il pût savoir pourquoi, et maintenant il y pensait sans cesse.

Comme il n'était pas homme à rêver longtemps sans agir, il prit un beau matin sa détermination.

Son principal agent commercial, un nommé Desjardins, homme de ressources et aussi honnête qu'il est possible dans ce genre de profession, habitait La Rochelle. Il lui écrivit pour lui enjoindre de chercher, retrouver à tout prix Marie Jacquelin, et la lui mener au Fort Saint-Jean coûte que coûte, en lui faisant valoir qu'il l'épouserait sitôt son arrivée et qu'ainsi elle serait la femme du plus riche seigneur de la Nouvelle-France, lieutenant du Roi. A cet usage, il ouvrit à Desjardins un crédit de cent mille livres pour couvrir les frais de ses démarches et des présents qu'il conviendrait de faire à Marie Jacquelin.

* * *

Ce n'était pas seulement pour les plaisirs qu'on se mariait en Canada vers l'an 1640. L'existence même de la Colonie l'exigeait. Quelques années plus tard Colbert devait édicter à ce sujet les règlements les plus impérieux. Les célibataires récalcitrants étaient punis d'amende et même de peines corporelles. Mais pour se marier il faut être au moins deux ; et comme les femmes manquaient dans la jeune colonie, il était indispensable de les faire venir de France. Le recrutement ne pouvait pas être du premier choix ; les engagées volontaires étaient rares et de qualité au-dessous du médiocre. Il fallait d'autorité faire des prélèvements un peu partout et au plus bas, dans les maisons spéciales et à l'Hôpital général de la Salpêtrière, où les filles publiques étaient conduites et enfermées, après les râfles de police. Par ordre du Roy, ces « Gothons » plutôt que « Manons » étaient embarquées bon gré mal gré par fournées, sous la surveillance de quelques dignes matrones. A Québec, sitôt débarquées, on les parquait dans une grange, où les célibataires étaient impérieusement invités à venir faire leur choix. Il paraît que les blondes grasses trouvaient mieux preneur que les brunes et les maigres.

Sitôt appariés, les couples étaient conduits devant le curé et ensuite chez le notaire ; par contrat il était attribué à chacun, 2 poules, un coq, un veau, une vache, deux porcs, un baril de blé, 100 livres et une petite maison de bois avec 20 arpents de terre. Les nouveaux mariés se débrouillaient ensuite du mieux qu'ils pouvaient. Mais au bout du terme légal il fallait que la femme eût un enfant ; sinon, l'homme mal noté était accablé de corvées.

En Acadie, les mariages étaient moins obligatoires qu'au Canada, parce qu'en réalité, des trois occupants de la Colonie, d'Aunay était le seul qui désirât la voir se peupler. La Tour et Denys ne s'intéressaient qu'à leur commerce de fourrures et n'avaient aucun intérêt à ce que le nombre des trappeurs s'accroissant avec celui des colons, les animaux, et surtout les castors, fussent trop chassés et détruits, ou éloignés du pays. Aussi les unions se faisaient-elles sur place entre familles voisines et quelquefois avec des indiennes ou des métisses de sang mêlé.

—

Chapitre III

LA MISSION DÉLICATE.

Desjardins s'embarqua au mois d'avril sur un petit flibot de trente tonneaux qui portait symboliquement le nom de *La Belle Espérance* et, quatre jours après, favorisé par le vent, il mettait le pied sur le quai du Hâvre de Grâce.

Après avoir réglé quelques affaires, il s'occupa de louer une chaise de poste et partit pour le Mans. A peine arrivé à l'auberge du « Chapon Galant », où il avait autrefois l'habitude de descendre, il eut la bonne surprise d'apprendre que le barbier Jacquelin tondait et rasait encore ses clients, au ciseau, au pouce et à la cuillère, à l'enseigne du « Plat d'étain », rue du Puits-qui-Parle. Il s'y rendit sitôt après dîner et trouva dans sa boutique le bonhomme fort affairé parce que c'était un jour de marché où sur le banc les clients se pressaient. Desjardins attendit patiemment son tour pour se faire tailler le poil au prix de six liards. Quand il fut sous la coupe du vieux barbier, il lia conversation avec lui en lui demandant des nouvelles de sa fille. Jacquelin lui répondit sèchement que Marie avait quitté le pays depuis vingt ans et qu'il n'avait plus jamais entendu parler d'elle. Le bonhomme ne voulait manifestement pas s'étendre sur ce sujet désagréable. Desjardins sous prétexte de l'avoir connu jadis l'invita à venir souper avec lui au « Chapon Galant ». Quelques bouteilles de vin le mirent en confidence. Il apprit à Desjardins que sa fille s'était enfuie avec le « Queue-Rouge » d'une troupe ambulante qui donnait la comédie sur le champ de foire, et il en avait été si indigné qu'il ne s'était plus soucié d'elle. D'ailleurs la troupe n'était jamais revenue au Mans.

Le problème paraissait insoluble. Comment retrouver vingt ans après une horde de pauvres comédiens nomades qui couraient les foires de village. Elle s'était certainement dispersée et les registres communaux qui auraient pu garder des traces de ses passages n'existaient pas à cette époque. Autant valait chercher une aiguille dans une botte de foin.

Cependant Desjardins qui avait une âme de Mercure ne se découragea pas. En pressant de questions le bonhomme Jacquelin, il le fit se souvenir qu'il avait gardé une espèce de programme écrit à la main, que le chef de la troupe l'avait prié d'afficher dans sa boutique. Rentré chez lui, il chercha et le retrouva au fond d'un coffre.

La troupe s'appelait « Les enfants du Sans-Souci »; la pièce était une comédie de Hardy, intitulée *Le Triomphe des Amours*. L'acteur qui jouait le principal rôle se nommait Mondori.

Desjardins partit aussitôt pour Paris, et là, s'étant enquis dans la boutique du libraire Mazuel, sur le Pont-Neuf, à l'enseigne de « La Levrette », il se rendit immédiatement chez le célèbre écrivain qui habitait rue Pavée, au Marais.

Hardy avait complètement oublié les avatars d'une de ses premières pièces qu'il avait vendue cinquante écus à Mondori. Mais le Théâtre du Marais, après avoir été longtemps fermé venait d'être réouvert, et le directeur en était précisément ce Mondori qui, après avoir acquis une grande célébrité comme acteur, devenu infirme par accident, et ne pouvant plus jouer la comédie, la faisait jouer aux autres. Il demeurait au carrefour de Buci. Mondori, qui était de bonne humeur parce que la recette de la veille avait été bonne au théâtre du Marais, lui apprit que Marie Jacquelin jouait dans sa troupe sous le nom de Mademoiselle Desnoyers. Elle apprenait en ce moment le rôle de la Veuve dans une pièce de M. Pierre Corneille et Desjardins la rencontrerait certainement cet après-dîner au théâtre.

Entre temps Desjardins prit quelques renseignement sur Mlle Desnoyers. Il apprit que le théâtre était la moindre de ses ressources d'existence. Elle était courtisée et enrichie par les plus grands seigneurs de la Cour. Son amant en titre était maintenant le marquis de Hurepoix, véritable marquis de Carabas, qui lui avait donné un hôtel place des Vosges.

Desjardins commença à désespérer du succès de sa commission. Il se demanda s'il aurait l'audace ingénue de proposer à cette reine de la Scène et de la Ville d'échanger sa vie resplendissante contre la sauvagerie d'outre-mer. Mais après tout, sait-on jamais ? Desjardins n'était pas homme à se décourager et d'ailleurs en tout cas il ne courait que le risque d'être rebuté. Le lendemain, vers deux heures de relevée, il se présenta à l'Hôtel de la Place des Vosges...

Marie Jacquelin était en effet une des reines de Paris : grande, l'air royal et cependant cavalier, imposante sans refroidir, charmante, quand elle n'était pas dans ses humeurs noires.

Bien qu'elle vécût somptueusement, elle ne se trouvait pas heureuse. Son talent de comédienne, acquis à force de volonté et de travail, manquait du « je ne sais quoi » qui fait les grandes réussites. Et sa vie de courtisane était empoisonnée parce qu'elle jalousait les grandes dames qui étaient les femmes légitimes et délaissées de ses amants. De plus elle se sentait vieillir bien qu'elle n'eût que 38 ans et en avouât 32. Des étoiles nouvelles apparaissaient sur la scène et dans la haute galanterie. Autour d'elle, elle avait quelquefois l'impression de sentir un petit air de délaissement, et elle commençait à s'inquiéter de son avenir.

Ce fut dans un de ces moments-là que Desjardins la trouva. Il commença par la saluer au nom de son maître et lui faire de sa part un présent de magnifiques fourrures qu'il avait fait porter par le valet de l'auberge où il était descendu. Marie Jacquelin-Desnoyers se souvenait fort bien de son petit ami d'enfance et s'attendrit au souvenir du passé. Desjardins lui raconta alors quelle grande situation il occupait en Acadie et comment il y avait acquis une fortune immense. Cependant il se garda bien ce jour-là de lui faire part de l'étrange proposition de mariage dont il était chargé. Il lui demanda seulement la permission de revenir le lendemain et lui apporta un collier de perles qu'il avait achetées au nom de son maître chez l'orfèvre à la mode, Pierre Lombart.

Marie Desnoyers en fut impressionnée. Elle questionna Desjardins longuement sur la Nouvelle-France, que les « Relations des Jésuites », et les « Voyages de Marc Lescarbot » avaient déjà mise en vogue. Desjardins lui donna de ce pays une peinture fort embellie, et la convia à souper le lendemain soir rue aux Ours, chez le célèbre traiteur Havart. Au moment des sucreries, il lui transmit tout de go la commission du sieur de La Tour. Elle éclata de rire et pria Desjardins de ne plus lui répéter cette absurdité. Desjardins n'insista pas et lui parla d'autres choses.

Cependant elle passa une nuit très agitée. Au théâtre, dans l'après-dîner elle avait eu un gros ennui. Pendant la répétition de la « Veuve », les façons de Mondori qui dirigeait le jeu des acteurs lui avaient paru très ambiguës. Son camarade Jodelet qui ne manquait jamais l'occasion de lui dire une chose désagréable lui avait glissé avec de fausses mines de sympathie, qu'il était question de lui retirer le rôle de la Veuve pour le donner à Mlle Beau-

chateau qui avait débuté l'année précédente et dont
Paris commençait à s'engouer.

En rentrant chez elle, elle avait trouvé un billet
du marquis de Hurepoix qui lui disait qu'il ne
pourrait pas la mener dîner ce soir au « Bœuf en
Daube », parce qu'il était obligé de rester avec la
marquise très souffrante. Et pour le bouquet,
comme les ennuis viennent toujours par trois, un
mot de son homme d'affaires lui mandait que les
titres de rente sur l'Hôtel-de-Ville qu'elle possédait
avaient baissé de douze livres et qu'il l'engageait à
les vendre avant leur effondrement.

De ces coups-là, Marie Jacquelin se trouva dans
la disposition d'esprit d'une personne qui voudrait
envoyer au diable tout et elle-même. Et l'étrange
proposition de Desjardins lui revint en mémoire.
Plutôt que d'aller au diable, pourquoi ne pas aller
aux Canadas? Comme elle serait tranquille là-bas!
Quel soulagement de laisser en deçà de l'Océan,
Paris, ses agitations et ses traîtrises! Elle songeait
aussi à la grande situation qu'occupait le sieur
de La Tour. La pensée d'être l'épouse légitime
d'un lieutenant du Roy, une espèce de vice-reine,
caressait sa vanité de comédienne.

Lorsque Desjardins revint la voir, elle lui demanda

de la laisser encore réfléchir pendant deux jours. Le lendemain, quand elle arriva au théâtre, Mondori l'appela dans son cabinet et lui dit que pour des raisons impérieuses, qu'il ne pouvait cependant lui donner, il était obligé de lui retirer le rôle de la Veuve et de le passer à Mlle Beauchateau. Marie Desnoyers sortit en faisant claquer la porte et le soir demanda à Desjardins quel jour il pensait repartir pour les Canadas.

La semaine suivante, après avoir vendu son hôtel et tous les meubles qui le garnissaient à la Demoiselle Marion Delorme, sans prendre congé du marquis de Hurepoix, elle s'embarqua au Havre de Grâce, avec Desjardins et une soubrette...

*　*　*

La traversée dura sept semaines sans incident notable autre que l'ordinaire inconvénient produit par le balancement du navire. Le capitaine Jamin qui commandait à bord de l'*Étoile du Nord*, et la soubrette de Marie Desnoyers, s'étant plu, se le manifestèrent sans attendre la consécration du mariage. Marie Jacquelin s'ennuyait un peu. Après avoir proclamé sa joie d'être délivrée de Paris et de se sentir libre entre le ciel et la mer, elle se prenait à songer que la place des Vosges et la rue Vieille-du-Temple étaient mouvementées d'une façon plus divertissante que les plaines monotones de l'Océan. Elle se demandait aussi ce qui l'attendait au bout de son voyage.

Vers le 15 septembre, aux abords de Terre-Neuve, l'*Étoile du Nord* était plongée depuis deux jours dans un brouillard si épais qu'on ne pouvait pas se voir d'un bout à l'autre du navire. Le capitaine Jamin, inquiet, ne quittait pas le timon, quand tout d'un coup le brouillard s'éclaircissant, comme si un géant avait soufflé dessus, le petit mousse, qui guettait dans un tonneau accroché au mât de perroquet, cria « Terre ». La côte apparut, d'abord confuse dans le brouillard et de plus en plus nette à mesure que la brume se fondait et que le ciel bleuissait. On voyait maintenant distinctement la ligne des montagnes couvertes de forêts et puis une île rocheuse qui paraissait barrer l'entrée d'une rivière. C'était la rivière Saint-Jean dont le courant est coupé en deux par l'île Longue.

L'*Étoile du Nord* contourna les rochers. Des coups de canon ébranlèrent l'atmosphère. Une chaloupe tirée par douze rameurs s'approchait du navire.

Sur le banc d'arrière, recouvert d'une fourrure qui traînait dans la mer, un homme était debout. Il était vêtu comme un amiral avec un chapeau à plumes et une écharpe blanche autour de la ceinture.

Desjardins dit à Marie Desnoyers : « Voici le sieur de La Tour. »

On appliqua l'échelle et il monta à bord. Marie Jacquelin le guettait et d'abord ils se regardèrent en cherchant à se reconnaître. Enfin, elle lui dit simplement comme si elle l'avait quitté la veille : « Bonjour Charlet. » Et comme il hésitait à lui répondre, très intimidé, elle ajouta : « Embrassez-moi donc, grand benêt. »

Quelques moments après, assise à côté de lui, sur la grande peau d'ours blanc, elle traversa la baie où les canons du Fort et des navires en rade tiraient à qui mieux mieux. Sur la plage des sauvages emplumés et bariolés dansaient et chantaient. Quand elle eut mis pied à terre, des petites sauvagesses toutes nues lui apportèrent un collier de coquillages en lui racontant dans une langue gutturale des choses qu'elle ne comprenait pas. Elles touchaient sa robe et se regardaient avec ébahissement dans le petit miroir qu'elle portait pendu à sa ceinture suivant la mode de l'époque.

Dans la grande salle du Fort, toute tendue de fourrures magnifiques, la collation était préparée.

Chapitre IV

LA VISITE DE NOCES

Pendant quelques jours le sieur de La Tour affecta de traiter Marie Jacquelin cérémonieusement, comme une invitée de haute marque, sans lui parler de mariage. Il lui donna le divertissement de grandes chasses avec les sauvages, au cerf, à l'ours et au loup. Ils se rappelaient leurs souvenirs d'enfance, quand ils allaient chercher des grenouilles dans les mares, et engluaient les passereaux. Ainsi lui faisait-il une cour discrète dont elle était touchée. Cependant, un jour qu'il avait bu beaucoup de vin de France, il voulut la brusquer. Elle le rembarra vivement, il s'excusa et cela les conduisit tout naturellement jusqu'à la question brûlante de leur mariage. De La Tour, qui ne connaissait pas les finesses du beau langage la lui posa tout de go. Marie Jacquelin n'y fit aucune objection, toutefois sans manifester d'enthousiasme. Elle y avait longuement songé, débattant en elle-même le pour et le contre. Les nouveautés de la vie sauvage l'amusaient; cependant elle craignait, quand elle les aurait épuisées, de s'ennuyer à périr. Elle trouvait de La Tour gentil garçon et se souvenait avec plaisir de leur camaraderie d'enfance, mais n'éprouvait pour lui aucune sorte d'amour. Etait-ce suffisant pour s'enterrer avec lui dans ce pays perdu? Plus d'une fois elle avait été sur le point de lui demander de la laisser repartir pour Paris. Mais sa nature énergique répugnait à revenir en arrière. Elle entretenait aussi dans son for intérieur l'espoir de faire un jour quitter à son mari le Fort Saint-Jean et l'Acadie, et, quand il aurait réalisé sa fortune, de s'en retourner avec lui à Paris, pour y mener une existence civilisée. Et puis enfin, surtout, son destin la menait malgré elle.

Le mariage, décidé une première difficulté se présenta. Il n'y avait ni notaire ni prêtre au Fort Saint-Jean qui n'était en réalité qu'un entrepôt de fourrures fortifié. Toute la vie administrative et religieuse était concentrée au Port-Royal. De La Tour et Marie Jacquelin devaient y aller pour faire bénir leur union et établir leur contrat de mariage. L'étiquette et la bienséance obligeaient aussi de La Tour à présenter sa femme à Mme d'Aunay.

A la vérité, de ceci, il se serait volontiers dispensé prévoyant certaines difficultés. Mais Marie Jacquelin, jalouse de ses prérogatives d'épouse du lieutenant du Roy, curieuse aussi de connaître ses voisins, exigea cette visite de Noces.

* * *

De La Tour voulut donner à cette démarche toute la solennité possible ; il fit équiper une flottille composée de 2 pinnaces armées et d'une chaloupe, qui mirent à la voile un beau matin d'octobre pour traverser la baie sur une largeur d'environ douze lieues. De La Tour commandait la première pinnace et le capitaine Jamin l'autre ; dans la chaloupe il y avait des sauvages, en grand attirail de guerre. De La Tour avait revêtu sa tenue officielle d'amiral, toutefois sans écharpe blanche. Marie Jacquelin portait une robe de velours noir garnie de dentelles au point de France et un chapeau gris à bord relevé de la forme dite « à la mousquetaire ».

Devant le Port-Royal les canons des deux pinnaces tonnèrent. Quand le canot qui portait les futurs

époux aborda sur le sable de la plage, de La Tour
fit battre les tambours et sonner les clairons.

Il fut d'abord un peu surpris que la grand'porte
du fort demeurât fermée et il héla les hommes de
garde. Alors sur le bastion qui flanquait la dite
porte apparut le capitaine La Verdure, chef de la
milice de Port-Royal. Il dit au sieur de La Tour
que son maître était absent et que la dame d'Aunay
souffrante ne voulait recevoir aucune visite. Il
ajouta qu'il ferait savoir au sieur de La Tour quand
son maître pourrait le recevoir.

L'affront était cinglant. Comme de La Tour le
pressentait d'ailleurs, la dame d'Aunay, férue de
sa noblesse et de ses préjugés, ne voulait pas voir
Marie Jacquelin dont elle connaissait l'origine et
le passé, probablement par le capitaine d'un des
vaisseaux qui faisaient le trafic entre La Rochelle
et Port-Royal.

Si de La Tour fut irrité de l'avanie, Marie Jacquelin la ressentit furieusement. Elle entra dans une
grande colère et voulait qu'il enfonçât la porte du
fort à coups de canon, ce qui était impossible parce
que de La Tour n'avait avec lui qu'une poignée
d'hommes tandis que le fort était solidement garni
de soldats et de pièces d'artillerie.

Ils remontèrent dans leur pinnace en méditant des projets de vengeance.

Après une heure de navigation, ils avaient fait à peu près un quart de la route, lorsque le guetteur leur signala des voiles qui venaient de la direction du nord-est et allaient couper leur route. Bientôt ils purent reconnaître le pavillon fleurdelysé de d'Aunay flottant sur deux barques pontées.

Alors, dans sa rage, Marie Jacquelin suggéra à son fiancé une idée qui au premier abord peut paraître extravagante. Elle l'engagea à attaquer la flottille de d'Aunay, et, si cela était possible, s'emparer de sa personne et le mener prisonnier au Fort Saint-Jean.

Après un premier ébahissement, de La Tour pensa que somme toute, étant en force, il avait une occasion unique d'obliger son voisin à lui faire toutes les concessions qu'il voulait. Il laissa approcher les bateaux du sieur d'Aunay et quand il les crut à portée, il lança sur eux une volée de ses quatre pièces. Mais le tir était trop court et les boulets tombèrent dans l'eau.

D'Aunay ahuri se demanda d'abord si son voisin était devenu fou. Comme il redoublait le tir en s'approchant, de sorte que, cette fois, un mât fut brisé et un matelot blessé, d'Aunay donna l'ordre de riposter avec les fauconneaux qui armaient sa barque.

Cependant les bateaux poussés par le vent arrivaient bord à bord. Les sauvages Abenakis qui accompagnaient de La Tour, enivrés par l'odeur de la poudre et le bruit de la canonnade, poussaient leur cri de guerre et se préparaient à sauter sur le pont des barques de d'Aunay pour tuer et scalper tant qu'ils pourraient. Marie Jacquelin debout sur son banc les excitait de la voix. De La Tour plus calme commandait la manœuvre.

La situation de d'Aunay devenait critique, lorsqu'une brusque saute de vent, comme il en survient dans ces parages, le sauva en changeant la face du combat. Avant qu'elles eussent le temps de s'accrocher aux barques de d'Aunay, les pinnaces du sieur de La Tour en furent écartées par un coup de bourrasque qui manqua de les renverser et tourna rapidement en tempête. En quelques instants la mer se démonta ; un ouragan du nord-ouest se déchaîna qui chassait les pinnaces dans la direction de Port-Royal sans qu'aucune résistance fût possible, à moins de les faire couler à pic. Il semblait maintenant que c'était les barques de d'Aunay qui leur donnaient la chasse. Et comme la tempête menaçait de les pousser sur les rochers de la côte où elles se seraient écrasées, le seul espoir de salut était d'entrer dans le havre de Port-Royal et de s'y laisser faire prisonniers. De La Tour, qui ne manquait pas de bravoure, aurait couru le risque d'échouer sur les rochers; mais Marie Jacquelin, effrayée par la tempête et les vagues menaçantes, le supplia de ne pas la faire périr.

Alors il laissa porter vers Port-Royal et, en entrant dans la rade, abattit son pavillon pour signifier qu'il se rendait à discrétion.

Les matelots et les sauvages furent désarmés et enfermés pieds et poings liés. D'Aunay conduisit lui-même de La Tour et Marie Jacquelin dans son habitation particulière. De La Tour, très penaud et fort inquiet, s'efforçait de prendre une attitude détachée.

Marie Jacquelin, avec le plaisir d'être sauvée du naufrage, eut encore la surprise de reconnaître d'Aunay, pour l'avoir souvent vu chez le marquis de Hurepoix. Il y avait même eu entre eux quelques galanteries, et Marie Jacquelin qui le trouvait à son goût ne lui avait peut-être tenu rigueur que parce qu'il l'avait trop timidement pressée, sans doute retenu par le scrupule de son amitié pour le marquis de Hurepoix. Elle lui en avait comme de juste gardé rancune. Et voici que maintenant elle se trouvait devant lui à des milliers de lieues de Paris en pleine sauvagerie, dans la posture d'une prisonnière!

D'Aunay l'avait aussi reconnue ; mais ce n'était pas le moment de rappeler des souvenirs galants. Il avait en face de lui un ennemi et sa complice et commença par demander rudement à de La Tour les motifs de son agression. Celui-ci donna pour explication l'insulte qui avait été faite à sa fiancée, et le capitaine La Verdure, appelé en témoignage, ne put que confirmer ses dires.

Alors d'Aunay, qui était avant tout un grand seigneur, trouvant que sa femme avait manqué aux traditions de l'hospitalité et de la bienséance, s'excusa en prétextant que le capitaine La Verdure avait sans doute mal interprété les ordres de sa maîtresse. Au fond les dommages faits par les boulets du sieur de La Tour étaient insignifiants et il résolut d'enterrer l'incident.

Affectant de recevoir des hôtes dans son château, il pria Marie Jacquelin et le sieur de La Tour de vouloir bien demeurer cette nuit au Port-Royal. Le lendemain matin le Père Ignace célébrerait leur mariage dans la chapelle. Et si la mer était calmée, ils pourraient retourner dans l'après-dîner au Fort Saint-Jean. Toutefois la Dame d'Aunay, soi-disant encore souffrante, s'excusa de demeurer dans sa chambre et de ne pas assister le soir au souper.

Ce repas fut naturellement un peu contraint. Mme de Brice était une personne de haute dévotion, fort amoureuse de d'Aunay et contenant ses sentiments mais jalouse de toutes les femmes qui l'approchaient. Le Père Ignace considérait de La Tour et Marie Jacquelin comme des réprouvés. Comme il devait les confesser le lendemain matin, avant de leur donner la Bénédiction nuptiale, il se demandait avec curiosité ce qu'il allait entendre.

Marie Jacquelin silencieuse retrouvait de plus en plus vive l'impression que jadis d'Aunay lui avait faite par sa haute allure. Mais un sentiment nouveau s'y ajoutait. Atteinte dans son orgueil, exaspérée de se retrouver devant lui dans un tel état d'infériorité, elle le haïssait autant qu'elle l'admirait. Plusieurs fois elle crut surprendre son regard qui se détournait d'elle dès qu'elle paraissait s'en apercevoir.

D'Aunay et de La Tour s'entretenaient des affaires d'Acadie, mais la conversation languissait souvent. Quand les trompettes sonnèrent le couvre-feu et l'heure de s'aller coucher, ce fut pour tout le monde un soulagement.

Marie Jacquelin et son fiancé furent logés par bienséance dans deux chambres éloignées. La jeune femme ne put dormir ; la tempête hurlante secouait les murs de bois et elle craignait que le toit ne fût emporté. Elle était aussi tourmentée par les souvenits du passé et une sourde inquiétude de l'avenir. Elle s'assoupit enfin et rêva que d'Aunay se battait en duel avec de La Tour sur la place Royale à Paris. Au petit jour, Mme de Brice vint l'éveiller et la prévenir que le Père Ignace l'attendait pour la confesser.

Ce dont elle s'accusa relève du secret de la confession. Item ce qu'avoua de La Tour. A neuf heures ils entendirent la messe, communièrent et reçurent le sacrement du mariage. La pauvre petite chapelle de bois, une grange plutôt qu'une chapelle, avec, pour vitres, des morceaux de papier, était remplie par les officiers de la garnison et quelques sauvages emplumés. D'Aunay était assis au premier rang, sur son banc seigneurial avec Mme de Brice. Un court repas suivit la messe. La tempête s'était apaisée et transformée en bonnace. Le soleil perçait les nuages, dorait la crête encore blanchissante des vagues, mais il était maintenant possible de traverser la baie sans danger.

Après que le notaire Petit eut rédigé et lu le contrat de mariage, d'Aunay conduisit cérémonieusement ses hôtes à la chaloupe qui devait les porter jusqu'à leur pinnace. Il baisa la main de la dame de La Tour, mais s'abstint de donner à son mari l'accolade d'usage. Quand les voiles enflées par la brise poussèrent en avant la flottille, il fit tonner les canons du Fort et puis rentra chez lui.

Pendant la traversée, Marie de La Tour fut de très méchante humeur et se répandit en paroles amères contre d'Aunay. Elle prétendait qu'il s'était moqué d'elle et que sa politesse n'était que dérision. Elle s'exaltait jusqu'à crier qu'elle le haïssait. De La Tour, au fond enchanté de la tournure qu'avaient prise les événements, essayait de la calmer et de changer le cours de ses pensées, en parlant d'autre chose. Mais elle revenait toujours à son idée fixe.

Chapitre V

MARIE DE LA TOUR NE DÉSARME PAS

Un mois après, Marie de La Tour s'ennuyait tant qu'elle pouvait et plus encore au Fort Saint-Jean où elle n'avait rien d'autre à faire que de s'ennuyer. Décidément elle ne s'accommodait pas à la sauvagerie. La chasse et la pêche la fatiguaient et les beautés de la nature la touchaient peu. D'ailleurs, l'automne finissant, le pays était souvent enseveli dans de grands brouillards qui duraient toute la journée. Dehors il faisait humide et froid et quelquefois on y voyait à peine pour se conduire. Mais surtout les longues soirées dans la grande salle mal éclairée par des chandelles lui paraissaient interminables.

Le mariage ne lui avait pas donné le regain d'amour pour son mari qu'elle espérait. Elle le supportait sans désagrément ni plaisir comme la plupart des amants qu'elle avait eus, bien qu'elle commençât de s'intéresser à ses affaires.

L'autre, c'est-à-dire d'Aunay, la préoccupait nuit et jour. A celui-ci elle aurait voulu faire tout le mal possible, ce qui est une des façons habituelles de l'amour.

Très occupé par son négoce, de La Tour n'avait aucun souci des sentimentalités de sa femme, qui lui échappaient d'ailleurs complètement. Il avait été un peu désappointé de voir que l'Acadie ne l'enthousiasmait pas, et il pensait bien qu'au fond elle regrettait Paris. Mais il ne s'en inquiétait pas, se disant qu'elle s'accoutumerait peu à peu à sa nouvelle existence. Content de l'avoir près de lui, il jouissait de sa beauté et l'aimait à sa façon, c'est-à-dire en camarade. Il ne lui demandait que de n'être pas de méchante humeur, et de cela encore il s'accommodait assez facilement.

Il avait été très surpris de la magnanimité de d'Aunay, que, jugeant d'après lui-même, il attribuait à des motifs intéressés. Aussi, enhardi par l'impunité, continuait-il à le harceler, jusqu'à faire emprisonner au Fort Saint-Jean des trappeurs de Port-Royal qui chassaient, prétendait-il, dans ses bois.

Or, à cette époque, il arriva que, dans la tribu des Abénakis qui avaient leurs wigwams dressés aux environs du Fort Saint-Jean sur le bord de la rivière, la petite vérole se déclara et fit de grands ravages. Cette maladie, que les Abénakis ne savaient traiter que par les incantations et les danses épileptiques de leur « Chef de Médecine », les terrifiait. Le Sagamore Kioto était un ami du sieur de La Tour qui parlait couramment leur langue. Il lui demanda s'il ne croyait pas que c'était des capucins missionnaires venus de Port-Royal pour le catéchiser qui avaient envoyé ce fléau à son peuple afin de le punir de ne pas vouloir se convertir au Dieu des Normands (ainsi les sauvages appelaient-ils les Français). De La Tour se garda bien de le détromper et, ravi du mauvais tour qu'il jouait à son voisin, conta l'histoire à sa femme pour la divertir. Celle-ci saisit par le cheveu une si belle occasion de nuire à l'exécré d'Aunay. Elle engagea vivement son mari à pousser Kioto dans sa conviction. Elle-même alla le voir dans son wigwam et, par le truchement d'un coureur des bois qui lui servait d'interprète, elle l'assura qu'elle avait entendu déclarer par d'Aunay qu'il voulait exterminer tout le peuple des Abénakis.

Kioto, crédule comme tous ses congénères, entra en fureur. Il convoqua aussitôt le Conseil des Sachems, c'est-à-dire le sénat de la tribu, et le Conseil des Guerriers. Après trois jours de délibérations, ayant fumé plusieurs centaines de calumets, bourrés de « pétun », les guerriers lui remirent un petit morceau de bois taillé par lequel ils signifiaient s'engager à combattre sous ses ordres jusqu'à la victoire ou la mort.

Kioto se teignit le corps et la figure tout en noir, se retira au fond des bois et demeura une semaine dans la solitude, jeûnant, chantant et dansant pour se rendre propice Areskoui, le grand manitou de la guerre. Ensuite il se débarbouilla, se peignit en vermillon et revint parmi ses guerriers.

Avant qu'ils n'entrassent sur le sentier de guerre, après avoir planté des flèches sur le sol devant la porte du Port-Royal, il leur proposa un stratagème qu'Areskoui lui avait inspiré. Sous prétexte de tenir un conseil d'amitié et de fumer le calumet de paix avec le maître du Port-Royal, cinq guerriers renommés par leur courage et leur adresse, et lui-même, Kioto, demanderaient à entrer dans le Fort, en cachant leurs tomahawks sous leurs couvertures. Tout autour du Fort, les autres guer-

Un coup de vent sur la baie française

riers cachés attendraient le signal. Quand le cri de
guerre, le sinistre woh-whoop semblable à un hurle-
ment de loup retentirait, ils se précipiteraient sur
les palissades pour les escalader et jeter des torches
enflammées sur les bâtiments. Pendant ce temps,
Kioto et ses cinq guerriers auraient massacré
d'Aunay, le capitaine La Verdure et les soldats
gardiens de la porte.

La confiance amicale que d'Aunay témoignait aux
Abénakis donnait à cette ruse puérile quelques
chances de réussite. Elle fut adoptée à l'unanimité
et l'attaque fixée au premier jour de la prochaine
lune.

Or il se trouva que le capitaine La Verdure,
grand amateur des beautés indigènes, était l'amant
très aimé d'une jeune sauvagesse Abénakis qui
s'appelait Vanka-Mido, c'est-à-dire la « Fleur-
qui-tombe » et avait été récemment baptisée sous
le nom de Marthe. Elle connut, par l'indiscrétion
d'un guerrier de sa tribu qui lui faisait la cour, la
trahison qui se préparait et, plus amoureuse que
patriote, prévint son amant.

D'Aunay prit ses précautions. Lorsqu'au matin
du premier jour de la lune nouvelle, Kioto et ses
cinq guerriers demandèrent l'entrée du Fort, ils furent

reçus et menés dans la grande salle où d'Aunay et La Verdure les attendaient, le sourire aux lèvres. L'un et l'autre paraissaient désarmés ; seulement ils portaient une cuirasse sous leur justaucorps, dans leurs poches des pistolets armés, et des soldats étaient cachés derrière les tapisseries qui garnissaient la salle. Kioto commença son discours et, brusquement, tira son tomahawk, en poussant le woh-whoop.

Aussitôt un soldat l'abattit d'un coup d'arquebuse et les autres, sortant de leur cachette, s'emparèrent des cinq guerriers avant qu'ils eussent le temps de se défendre. Ils furent ensuite attachés à des poteaux dans la cour du Fort et restèrent là sans manger jusqu'à ce que les Anciens de la tribu, au nom de leur peuple, vinssent implorer le pardon de d'Aunay. Ce pardon fut accordé à certaines conditions et scellé par la remise solennelle de cinq wampums, c'est-à-dire de colliers de coquillages enlacés qui représentent les traités, les messages et les archives dans toutes les tribus indiennes de l'Amérique du Nord.

Il y eut aussi des chants, des danses, d'éloquents discours et une grande consommation de pétun.

Le surlendemain, la petite Vanka-Mido fut trouvée

morte, le crâne fendu par un coup de tomahawk et le visage défiguré par diverses tortures, devant la porte du Fort.

Kioto, guéri de ses blessures, ne pardonnait pas à La Tour de l'avoir engagé dans cette humiliation. Pour s'en venger, il conta à d'Aunay comment il avait été poussé à entrer sur le sentier de guerre, par l'assurance que d'Aunay voulait détruire tout le peuple des Abénakis.

Cette fois la mesure était comble. Quelques jours après, d'Aunay envoya à son père un long mémoire, remémorant les agissements du sieur de La Tour, afin qu'il le transmît au Conseil du Roy.

* * *

Le vieux comte de Charnisay habitait à Paris, au n° 16, rue de Grenelle-Saint-Germain. Il avait près de 80 ans, mais vivait encore gaillardement. Louis XIII l'avait fait entrer au Conseil du Roy pour augmenter ses revenus par tous les « retours de bâton » qui échéaient tout naturellement à ces contrôleurs de l'administration du royaume. Le vieux comte, que les séances ennuyaient et fatiguaient, paraissait peu au Conseil du Roy, mais son intimité avec le chancelier Séguier, Président du Conseil, lui donnait un grand poids dans les affaires auxquelles il s'intéressait. Vif, pétillant, vert-galant comme son défunt maître Henri IV, cet aimable vieillard rendait les plus grands services à son fils, qu'il représentait officiellement à Paris. Dès qu'il eut reçu son « Mémoire instructif de la conduite du sieur de La Tour dans la Nouvelle-France », il le fit déposer sur le bureau du Conseil du Roy, après l'avoir soumis au chancelier Séguier.

Dans la huitaine, le Conseil du Roy rendit un arrêt provisoire révoquant le sieur de La Tour « pour ses mauvais comportements qui tenaient en désordre et confusions les affaires d'Acadie ». Il nommait d'Aunay seul gouverneur et lieutenant général de Sa Majesté, dans toute l'étendue des côtes de l'Acadie, depuis le golfe de Saint-Laurent jusqu'aux Virginies. Et lui donnait l'ordre de se saisir de La Tour, de l'embarquer de gré ou de force et de le faire passer en France pour qu'il vînt s'expliquer devant le Conseil.

Ceci était plus facile à dire qu'à faire.

D'Aunay n'avait pas de forces suffisantes pour

attaquer et réduire le Fort Saint-Jean. Un échec pouvait affaiblir dangereusement son autorité sur les Abénakis qui rôdaient autour du Port-Royal et guettaient, avec l'inlassable patience des Indiens, l'occasion de venger leur échec. La vie de ses fermiers, disséminés le long de la côte et sur les bords de la rivière des Dauphins, était en jeu.

Il dut se contenter d'envoyer au Fort Saint-Jean le capitaine La Verdure, porteur des ordres du Roy, accompagné de quelques soldats. Il lui adjoignit trois capucins, sous prétexte de lénifier la sommation par leurs paroles plus onctueuses, en réalité pour qu'ils donnassent de ce qui allait se passer leur témoignage qui faisait autorité à cette époque. Ils arrivèrent dans une chaloupe armée portant la bannière de France et débarquèrent, précédés par des tambours et des trompettes.

Le sieur de La Tour les reçut cérémonieusement dans la grande salle. Sa femme était assise sur un fauteuil auprès de lui. Le capitaine La Verdure, après les avoir salués, leur présenta la lettre du Roy et puis, ayant fait battre les tambours et sonner les trompettes, la lut tout haut. Ensuite il fit le geste de la remettre entre les mains du sieur de La Tour. Mais alors, la dame de La Tour l'agrippa et, furieusement, avant que personne n'eût le temps de l'en empêcher, la froissant, en fit un bouchon de papier qu'elle lança à la tête du capitaine La Verdure. En même temps elle proférait des paroles injurieuses empruntées au langage des faubourgs de Paris et très surprenantes dans la bouche d'une Dame, dont le sens était qu'elle se moquait du Roy, du Pape et du reste.

La Verdure, bien qu'il ne s'étonnât pas facilement, demeura pantois devant ce crime de lèse-majesté. Horrifiés par le blasphème, les Capucins avaient baissé leur capuchon pour se cacher la figure.

La dame de La Tour qui ne se possédait plus dit encore au capitaine La Verdure qu'elle lui ordonnait de répéter à son maître que désormais ses messages seraient reçus de même façon, et qu'elle garderait en prison tous ses envoyés. Aujourd'hui, elle se contenterait de retenir comme otages les trois Capucins dont le sieur d'Aunay avait évidemment l'intention d'utiliser le témoignage.

Le sieur de La Tour, plus prudent et un peu inquiet des suites de l'algarade, tâchait de la calmer par des signes et des interruptions. Cela ne fit que l'irriter davantage et elle finit par l'injurier en lui reprochant sa lâcheté. Ce fut alors que La Verdure voulut s'opposer à la détention des trois Capucins et menaça le sieur de La Tour de les ramener de force au Port-Royal. Celui-ci pour se réhabiliter aux yeux de sa violente épouse, feignit de se mettre en colère et lui déclara violemment que s'il ne décampait pas, il allait le faire emprisonner. La Verdure craignant de ne pas avoir le dessus, se vit obligé d'abandonner les Capucins, tremblants de peur, et se confiant à la volonté de Dieu.

Après son départ, la dame de La Tour les fit mettre dans une chambre fermée. Trois paillasses étendues sur le plancher leur servirent de lit ; cependant on leur porta à souper une nourriture convenable. Ils se rassurèrent et s'endormirent après avoir lu leur Bréviaire. La dame de La Tour les retint pendant trois jours et puis, ne sachant qu'en faire, les renvoya au Port-Royal. Dans le rapport officiel qu'ils firent de ces incidents et contresignèrent, ils écrivirent :

« Qu'ayant fait tout leur pouvoir pour tenter de
« ramener le dit La Tour et sa femme à la crainte de
« Dieu et ses commandements, il leur a été du tout
« impossible, de sorte que voyant leur labeur inutile,
« et au lieu de suivre leurs conseils, le dit La Tour
« et sa femme, les persécutant de mauvais traitements,

« ils ont été contraints de les abandonner, ne pouvant
« plus demeurer avec eux, et que sinon au péril
« imminent de leur vie.

« Et le dit La Tour et sa femme, avec forces inju-
« res, les embarquèrent de force sur une mauvaise
« pinnace qui faisait eau de toutes parts, et ainsi les
« jetèrent sur la mer qui se trouvait justement
« démontée. En cet état ils arrivèrent au Port-
« Royal où le sieur d'Aunay par ses bons traite-
« ments leur fit oublier leurs misères. »

*
* *

Dès lors la position qu'avait prise le sieur de La
Tour devenait sérieuse. Désormais, il était officiellement rebelle à l'autorité royale et susceptible d'être
déclaré hors la loi.

Il s'en aperçut lorsque, trois mois après, Desjardins lui manda de La Rochelle que ses navires
venaient d'être saisis dans ce port et dans ceux de
Dieppe et du Havre de Grâce. Il l'engageait vivement à venir à Paris pour tâcher de se justifier
devant le Conseil du Roy, où, le comte de Charnizay,
agissant au nom de son fils, l'attaquait à boulets

rouges. S'il se laissait mettre en défaut, sans tenter
de se défendre, il serait complètement ruiné et réduit
à vivre comme jadis en courant les bois avec les
sauvages.

De La Tour commença de s'inquiéter mais eut la
délicatesse de n'adresser aucun reproche à sa femme.
Cependant il pensait qu'elle l'avait entraîné par
son emportement dans une aventure très fâcheuse.
Il ne s'expliquait pas d'ailleurs pourquoi elle s'était
prise d'une telle animosité contre d'Aunay. Lui, bon
vivant, qui ne s'embarrassait pas de scrupules
inutiles, ne se chargeait pas non plus de tels sentiments tumultueux qui ne conduisent qu'à faire
commettre des actes de folie. Il pensa que sa femme
prenait ses intérêts avec trop d'ardeur.

Après qu'il eut reçu la lettre de Desjardins, il
fut tourmenté autant qu'il pouvait l'être par la
nécessité de prendre une résolution. Sa présence à
Paris était indispensable. Mais elle était aussi nécessaire au Fort Saint-Jean. Les vaisseaux marchands
allaient bientôt arriver de tous les pays d'Europe
pour échanger des fourrures contre du tabac, du
rhum, des couvertures, et tous objets destinés à la
troque avec les sauvages. C'était l'occasion d'une
espèce de foire qui durait plusieurs semaines avec

tabagies et réjouissances de toutes sortes. De La
Tour ne pouvait manquer de s'y trouver. Il craignait
aussi que d'Aunay, profitant de son absence, ne
tentât un coup de main contre le Fort Saint-Jean,
pour lui infliger une punition qu'il s'avouait avoir
méritée.

Ce fut alors que Marie Jacquelin, le voyant dans
cette perplexité, lui offrit d'aller plaider leur cause à
Paris.

En fait elle ne pouvait plus se souffrir au Fort-
Saint-Jean et, si elle n'avait pas eu l'esprit occupé
par les sentiments violents et complexes qui l'agi-
taient contre d'Aunay, elle serait tombée malade à
force de s'ennuyer. Elle devenait du reste maussade,
capricieuse, et, en somme, insupportable.

La pensée de revoir la rue aux Ours, la rue Vieille-
du-Temple, le jardin des Tuileries et la place
Royale, commença de la rasséréner. Elle fit valoir
à son mari qu'elle avait de hautes relations, tout
près du Conseil du Roy. Il la savait persuasive,
d'esprit très net et porté aux affaires. La jalousie
de son passé et l'inquiétude qu'elle retrouvât à
Paris des hommes qu'elle aurait connus très intimement, n'entraient pas dans le cercle habituel de
ses préoccupations. Il avait peu d'imagination, ne

pensait jamais au passé, ne voyait que le présent et vaguement l'avenir.

Un de ses vaisseaux, le *Saint-Clément*, venait d'arriver d'Angleterre. Il proposa à sa femme de s'y embarquer pour aller à la Rochelle retrouver Desjardins qui lui servirait de guide dans les broussailles de la procédure.

Quand le *Saint-Clément*, toutes voiles dehors, enflées par une belle brise d'ouest, eut tourné la pointe de l'île Longue, La Tour rentra dans son Fort plus soulagé qu'attristé.

———

Chapitre VI

LE VOYAGE INUTILE.

Marie de La Tour accompagnée par Desjardins entra dans Paris, par la barrière du Maine, le 15 janvier 1644, vers une heure de relevée. Tous deux s'allèrent loger à l'auberge du Parc, rue Neuve-Saint-Honoré. Le soir même, après s'être restaurée, et avoir quitté ses vêtements de voyage pour revêtir une robe de ville, Marie de La Tour grisée par l'air de Paris voulut aller au spectacle qui commençait à 6 heures du soir. La Gazette de Théophraste Renaudot signalait qu'au Théâtre du Marais on donnait ce jour-là la première représentation d'une tragédie nouvelle de Pierre Corneille, intitulée *Rodogune*. Marie de La Tour pensa qu'elle trouverait réunis dans le théâtre la plupart des gens qu'elle connaissait et qu'ainsi du coup elle reprendrait pied dans la Ville. Cependant, elle s'inquiétait de ne pas être habillée au dernier goût de la mode, parce que les robes qu'elle avait apportées dataient de plus d'un an. Jadis elle se serait plutôt mise au lit que de risquer d'avoir l'air d'une femme débarquée de la Province. Mais elle venait des Canadas et pensa qu'à cause de la curiosité qu'elle susciterait, on ne penserait pas à critiquer sa toilette. Et puis le désir de revoir la fleur de Paris l'emporta.

Le théâtre du Marais avait été installé dans un ancien Jeu de paume, rue Vieille-du-Temple. C'est dire qu'il était disposé tout en longueur avec un vestibule rappelant les dispositions actuelles du théâtre du Vieux-Colombier.

Quand Marie de La Tour descendit du carrosse qu'elle avait loué, devant l'entrée du théâtre, le cœur lui battait plus fort que de coutume. Combien de fois avait-elle traversé ce vestibule hâtivement, parce qu'elle était toujours en retard, anxieuse d'être trop durement gourmandée par Mondori. Que de chemin parcouru depuis ce temps-là, sur la terre et sur la mer !

Il y avait quelques carrosses et des chaises à porteur qui faisaient une file dans la rue Vieille-du-Temple. Cependant, le spectacle venant à peine de commencer, le plus beau monde n'était pas encore arrivé. Marie de La Tour avait décidément perdu le pied parisien puisqu'elle commettait l'hérésie de venir au théâtre avant la fin du premier acte.

Cet acte se terminait d'ailleurs et quelques spectateurs, presque tous gens de lettres ou gazetiers, se répandirent dans le vestibule en échangeant leurs impressions. Marie Jacquelin reconnut Théophraste Renaudot, le fondateur de la *Gazette*, les sieurs Racan, de Saint-Evremont, Vaugelas, Conrart, Chapelain, l'avocat Patru et Tallemant Des Réaux, en quête de quelque historiette croustillante.

Elle s'approcha de Renaudot et le salua d'un : « Bonjour, Maître Renaudot ».

Lui, toujours agité, le verbe haut, péremptoire et vulgaire, souvent pris de vin, ne la reconnut pas d'abord, parce qu'il était fort distrait tant il avait d'affaires en tête. Elle se nomma : « Ne me reconnaissez-vous pas, Maître ?... Je suis Marie Desnoyers, ai-je donc tant changé! » Alors il lui dit d'un ton de rogomme : « Tiens, c'est toi ? Où étais-tu donc nichée? »

Marie de La Tour s'attendait à mieux. Si vexée, qu'elle ne prit pas la peine de lui répondre, elle quitta Renaudot pour accoster M. de Racan, qui jadis lui avait plusieurs fois témoigné de la sympathie.

Le poète gentilhomme, plus courtois que le journaliste, la mignota en bégayant :

« Eh ! bonjour, ma toute belle, que vous êtes donc agréable à voir ! Mais pourquoi nous avez-vous privé si longtemps de ce plaisir ? Où vous cachiez-vous, telle Astarté derrière les nuages ? Etait-ce au bras de l'Amour, dans quelque retraite du pays de Galanterie ? »

Dès lors Marie de La Tour fut assurée que personne ne se souciait de savoir ce qu'elle avait fait aux Canadas, et même si elle y était allée. D'ailleurs Racan, qui était un peu sourd et n'écoutait jamais ce qu'on lui disait, peut-être parce qu'il ne l'entendait pas, la quitta pour aller se joindre au groupe des gens de lettres.

Ces plumitifs illustres étaient tous préoccupés par la critique de la pièce nouvelle de Pierre Corneille. Le premier acte avait été écouté avec une certaine froideur. On trouvait généralement, dans cette exposition, l'auteur du *Cid* inférieur à lui-même.

Le grammairien Vaugelas, qui aimait les catégories, lui reprochait d'avoir écrit des pièces comiques et prétendait qu'en cherchant à faire rire le public, sans d'ailleurs y parvenir, il avait faussé l'accent de son génie dramatique. Le gros bonhomme Chapelain, tout sommolent, opinait.

Marie Jacquelin, laissée à l'écart avait le cœur lourd de se sentir plus seule parmi ces anciens compagnons de sa vie, que dans les forêts de l'Acadie. Elle songea alors amèrement que sa toilette n'était pas à la mode et qu'elle n'avait rien de mieux à faire que de rentrer à l'auberge pour s'aller coucher. Au moment où elle passait le pas de la porte et mettait le pied sur le pavé de la rue, un carrosse s'arrêta en la frôlant. Le laquais sautant du siège ouvrit la portière. Elle vit descendre une jeune femme toute radieuse de beauté et de gaîté, et, derrière elle, deux jeunes seigneurs parés de rubans et de dentelles. Marie de La Tour reconnut la demoiselle Ninon de Lenclos avec MM. de Villarceaux et de Gourville. Mlle de Lenclos, dès qu'elle la vit, l'appela de son nom de « Marie Desnoyers » et l'embrassa avec une vive démonstration d'amitié. Elles avaient été très intimement liées, jusqu'à dormir dans le même lit.

Cette aimable personne, parmi ses nombreuses supériorités sur les gens à la mode du jour, avait celle de pouvoir sortir d'elle-même. Son esprit était capable de se fixer sur d'autres préoccupations que les siennes. Elle s'intéressait à ce que lui contait son interlocuteur, sans l'interrompre ou prendre un air de distraction.

Dès qu'elle aperçut Marie Jacquelin, elle se souvint qu'elle était partie pour les Canadas dix-huit mois auparavant, et elle se promit de la questionner sur ce pays afin de pouvoir ensuite en parler à ses amis et se donner les gants de le connaître à fond. Elle invita à dîner Marie Jacquelin pour le surlendemain, et celle-ci la pria de retarder l'invitation de quelques jours afin qu'elle eût le temps de se faire faire des robes au goût de la mode. Mlle de Lenclos lui offrit encore d'écouter dans sa loge la suite de la pièce, mais elle s'y refusa, .craignant de paraître encore plus fagotée auprès de cette radieuse créature. D'ailleurs elle se sentait fatiguée par le tintamarre de Paris et tant d'impressions diverses dont elle était déshabituée. Dans sa chambre, à l'auberge du Parc, elle ne parvint pas à s'endormir avant le passage des charrettes et des crieurs de rues.

Ces bruits de la ville lui semblaient plus harmonieux que celui de la mer, qu'elle entendait au fort Saint-Jean.

Après avoir passé deux jours à se renipper, elle alla faire une promenade au jardin des Tuileries où le beau monde se retrouvait. La première personne qu'elle rencontra fut le marquis de Hurepoix. Elle n'en ressentit d'ailleurs aucune émotion ; à peine le distingua-t-elle d'autres hommes de sa connaissance qui se promenaient dans l'Allée Le marquis avait conservé d'elle des souvenirs plus précis mêlés de reconnaissance pour les plaisirs qu'elle lui avait donnés et d'amertume à cause de la façon cavalière dont elle l'avait quitté. Il la trouva changée, le teint bruni et les traits durcis par l'air d'outre-mer et la vie rugueuse qu'elle avait dû mener là-bas. Trop honnête homme pour le lui dire, il lui fit mille compliments sans aucune allusion au sieur de La Tour qu'il ne connaissait pas. Seulement il lui demanda des nouvelles de son ami d'Aunay de Menou-Charnisay.

Marie de La Tour en fut saisie comme une personne endormie qui serait brusquement tirée d'un rêve. Depuis plusieurs jours, elle n'avait pas eu le loisir de penser à d'Aunay et tout d'un coup ses rancœurs recommencèrent à la poigner. Elle se souvint qu'elle était venue à Paris pour se défendre contre lui. Sa haine et son désir de vengeance assoupis dans l'agitation de la ville s'éveillèrent. Elle rentra à l'auberge du Parc et conféra tout l'après-dîner avec Desjardins pour revoir avec lui les pièces du procès.

*　*　*

Le lendemain, elle soupa chez la demoiselle de Lenclos qui habitait alors la rue des Tournelles. Dans ses salons somptueux, la charmante femme recevait tout ce qu'il y avait de plus distingué à la cour et à la ville. On savait que ses mœurs étaient fort libres. Mais elle gardait les plus strictes apparences, et M. de Villarceaux, avec qui elle vivait pour ainsi dire conjugalement, ne l'avait jamais tutoyée en public. Elle passait tous les étés au château de Villarceaux, dans le Vexin, où son appartement était dressé, mais ses rapports avec le comte étaient si discrets que les filles de chambre n'en connaissaient pas plus que les autres invités. Il était convenu à Paris qu'on allait chez Ninon de Lenclos comme chez n'importe quelle dame de la cour.

Ce soir-là, elle avait convié à souper M. de Villarceaux, naturellement, M. de Boisrobert, l'avocat Patru, qu'on disait sous le manteau être son caprice du jour, et une jeune femme, tout nouvellement mariée, Mlle de Rabutin-Chantal, qui venait d'épouser le marquis de Sévigné, gentilhomme breton un peu balourd. Elle au contraire pétillait de grâce et de gaîté. Il y avait encore à table Pierre Corneille, l'auteur de *Rodogune*, dont le succès s'annonçait éclatant malgré la critique, et le sieur La Châtre, dont le billet devait passer à la postérité. Ces personnes s'intéressèrent un moment à la Nouvelle-France et posèrent à la dame de La Tour quelques questions à ce sujet ; mais bientôt la conversation se détourna sur des sujets d'actualité parisienne. A part, Pierre Corneille et le marquis de Sévigné parlaient de choses provinciales.

Marie de La Tour était revenue aux préoccupations de ses affaires, et son esprit s'y incrustait avec l'obstination ardente qui la caractérisait.

Après le souper, quand on passa au salon pour boire les eaux d'angélique, de coriandre et de genièvre, elle pria Mlle de Lenclos de vouloir bien lui accorder quelques minutes d'entretien. Ninon quitta aussitôt le groupe de ses amis très occupés par une aventure récemment arrivée à Marion de

Lorme et elle fit asseoir à côté d'elle Marie qui
lui exposa sa requête. Elle savait que le chancelier
Séguier, président du Conseil du Roy, était fort lié
avec Ninon et lui demanda une lettre en introduction
auprès de ce haut personnage. Mlle de Lenclos se
mit tout entière à sa disposition. Elle l'engagea aussi
à aller voir de sa part le duc de Bourbon, prince
de Condé et le comte de Vardes, qui était le mignon
de son Altesse Royale Gaston d'Orléans, l'oncle du
Roy.

* * *

Le chancelier Séguier refusa catégoriquement de
la recevoir, malgré le billet pressant de la demoiselle
de Lenclos. Il lui fit répondre que l'amitié qu'il
professait pour M. de Charnisay et son fils rendait
inutile tout entretien avec la femme de leur adversaire.

Marie Jacquelin se présenta ensuite à l'hôtel de
Condé et fit porter sa lettre à Monseigneur de
Bourbon. Le duc était le père du Grand Condé
qui venait de remporter la victoire magnifique de
Rocroy. Il n'en était pas moins morose. Ce petit
homme roux, malingre, malsain et acariâtre, à cause

des humeurs qui le travaillaient, éprouvait encore de grands ennuis du fait de sa femme, la belle Charlotte de Montmorency, celle qu'Henri IV avait aimée à la folie et peut-être jusqu'à en mourir. Engraissée, alourdie, elle était encore fort ragoûtante et n'avait pas arrêté le cours de ses galanteries. Maintenant, elle était publiquement liée avec M. de Gesvres, et son mari qui l'aimait toujours souffrait de continuelle jalousie. Il essayait de se distraire de ce tourment en accroissant par toutes sortes de moyens son immense fortune. Ainsi était-il devenu fort avide d'argent.

Il reçut la dame de La Tour dans sa galerie de peintures. Tout frileux, enveloppé d'une grande robe de fourrure, il l'invita courtoisement à s'asseoir auprès de lui. Mais elle se jeta à ses pieds; il la releva par la main et elle lui exposa sa requête. Le duc commença par l'écouter distraitement. Il parut plus attentif quand elle lui fit entendre que Monseigneur de Bourbon lui ferait un grand honneur s'il voulait accepter une part des bénéfices réalisés dans une entreprise, qu'il pouvait sauver de la ruine, en lui accordant sa puissante protection. Sans lui rien promettre, le duc se leva, signifiant ainsi que l'entrevue était terminée, et il l'accompagna courtoisement pendant quelques pas dans la galerie...

Marie de La Tour s'en fut ensuite à Saint-Germain-en-Laye où on lui avait dit qu'elle trouverait le comte de Vardes, auprès de Monseigneur d'Orléans. Le jeune homme trop joli s'amusait dans le manège à dresser un cheval. Assis sur un fauteuil au milieu de la tribune, tout maquillé et paré de rubans, Monseigneur d'Orléans le regardait faire et l'encourageait avec de petits cris poussés à la manière des femmes.

La dame de La Tour attendit que la reprise fût terminée et quand le comte de Vardes eut sauté de cheval, elle lui fit dire, par un valet de manège, qu'elle l'attendait. Le comte prévenu par la lettre de Mlle de Lenclos vint aussitôt la chercher et l'amena devant Monseigneur d'Orléans. Celui-ci l'écouta aussi poliment que Monseigneur de Bourbon, mais il lui dit que pour le moment elle ne pouvait rien attendre de son influence dans le Conseil du Roy. Il était au pire avec le chancelier Séguier qui prenait le mot d'ordre de la reine-mère. La dame de La Tour devait savoir que la régente et son beau-frère ne s'entendaient guère et qu'il suffisait que l'un pensât « blanc » pour que l'autre prononçât « noir ».

Après quoi, délaissant la dame de La Tour, il se remit à caqueter avec le comte de Vardes et finalement l'embrassa sur la bouche.

* * *

Le Conseil du Roy s'assemblait trois fois par semaine, au Palais-Royal. Il se divisait en quatre compartiments : Conseil privé, Conseil secret, Conseil des dépêches et Conseil des partis. C'est de ce dernier que ressortissait l'affaire d'Aunay contre La Tour. Le Conseil du Roy était présidé par M. Séguier, chancelier du Royaume. Le Roy mineur, alors âgé de sept ans, et sa mère, la régente Anne d'Autriche, étaient censés assister aux séances et tous les arrêts étaient contresignés « Louis et Anne », mais ils ne paraissaient au Conseil que dans les grandes occasions. Le duc de Bourbon, prince de Condé, et le duc d'Orléans représentaient le sang de France.

Les conseillers étaient en robe de velours violet

bordé par un ruban de velours noir. Le chancelier Séguier présidait en robe de velours cramoisi. Le prince de Condé et le duc d'Orléans, dans le costume qui leur plaisait, assistaient à la séance sur deux fauteuils aux pieds de ceux du Roy et de la reine-régente ordinairement vides, sous un dais de velours violet parsemé de fleurs de lys. Marie de La Tour et Desjardins étaient dissimulés derrière un rideau de velours, dans une « lanterne », sorte de loggia, au fond de la salle.

Cette séance du 20 février 1644 s'ouvrit dans l'orage. Elle débuta par une requête des marchands merciers et des marchands drapiers. Ils demandaient la levée d'une taxe d'un écu par cent aunes de drap vendu, qui venait de leur être appliquée par mesure exceptionnelle, vu les embarras de la Trésorerie. Ils déclaraient que si la taxe était maintenue, ils étaient d'ores et déjà ruinés et n'avaient plus d'autres ressources que de fermer leurs boutiques.

Le duc de Bourbon, sans doute prévenu par des arguments bien sonnants, était d'avis de leur donner satisfaction. Mais le contrôleur des Finances, Emery, appuyé par le duc d'Orléans, s'y opposa violemment. Il s'exclama que sur quatre-vingt mille écus qui lui étaient nécessaires pour boucler le budget de l'année précédente, il lui en manquait vingt mille, et que s'il ne les trouvait pas, l'Etat allait faire défaut aux porteurs de rentes. A qui les demande-rait-on, sinon aux marchands qui s'enrichissaient dans leur commerce?

Après que le duc d'Orléans et le prince de Condé se furent copieusement injuriés, au point que le duc d'Orléans quitta la séance, le Conseil approuva le surintendant Emery et les marchands furent déboutés.

Ensuite vint l'affaire d'Aunay contre de La Tour. Le maître des requêtes, Olivier d'Ormesson, de-manda d'abord un supplément d'enquête sous prétexte que le témoignage fourni contre de La Tour par les soldats et les capucins au service de d'Aunay, donnait sujet à caution. Mais le Conseil était évidemment tourné contre de La Tour, sans doute par l'influence du président Séguier, et il refusa le supplément d'enquête.

C'était un mauvais signe. Du reste cette affaire qui revenait sans cesse du Tribunal de l'Amirauté de Guyenne au Parlement de Paris, depuis plusieurs années, commençait à lasser les Gens du Roy. Les conseillers craignaient aussi de mécontenter la

Reine Régente en prenant parti contre d'Aunay dont le père était si bien en Cour.

Après que les conseillers se furent concertés, le président Séguier se leva, déclara que l'arrêt serait porté le surlendemain, pour être rédigé, suivant les formes, à l'Assemblée des Maîtres des Requêtes qui se tenait tous les jeudis au Fort l'Evêque.

Marie de La Tour comprit que la partie était perdue. Elle revint à l'auberge du Parc avec Desjardins, très penaud. Tandis qu'il se lamentait et maudissait ses juges, elle cherchait déjà à tirer des plans pour établir la situation.

Quatre jours après, un huissier à verge vint lui porter à l'auberge du Parc la copie de l'arrêt du Conseil.

Il y était dit en substance :

« Le Roy étant en son Conseil, en présence de la
« Reine Régente, sa mère, a ordonné et ordonne que
« dans trois mois après la signification du dit arrêt,
« le sieur de La Tour se représente devant le Conseil
« pour répondre sur les faits résultants des charges
« et informations prises contre lui et, à cette fin, per-
« met à la femme du dit de La Tour de lui envoyer
« un vaisseau pour l'aller chercher en Acadie et le
« mener en France, toutefois sans aucunes munitions

« de guerre, et en baillant bonne et suffisante caution,
« de ramener sûrement en France le dit de La Tour.
« Interdit et défend au sieur Desjardins et à la femme
« du dit de La Tour de passer les côtes de l'Acadie,
« ni de sortir hors de France, à peine de la vie, ni
« à aucun maître de navire de les recevoir en leurs
« vaisseaux. Ordonne que tous navires et équipages
« appartenant au dit de La Tour seront arrêtés aux
« ports et défense est faite à tous capitaines de les
« laisser sortir des ports, et seront ses biens saisis
« et arrêtés, avec très expresse inhibition, et défense
« à toute personne d'obéir ni de prêter aucune assis-
« tance au dit sieur de La Tour, sous peine de puni-
« tion corporelle et enjoint au sieur d'Aunay de
« faire exécuter le dit arrêt pour les biens du sieur
« de La Tour situés en Acadie. »

« Et sera le dit arrêt publié et affiché en tous lieux
« où besoin sera. »

Signé : GASTON (duc d'Orléans),
SÉGUIER (Chancelier),
BARILLON, DALIGRE, LEBRET.
LEFÈVRE D'ORMESSON.

Ce serait mal connaître Marie Jacquelin que de croire qu'elle se résignait à sa défaite. Au contraire, l'adversité accroissait son ardeur combative. Et puis deux ressorts tendaient son énergie. Le premier était un sentiment conjugal fondé sur l'intérêt commun des deux époux. L'autre essentiellement extra-conjugal était sa haine contre d'Aunay. A la pensée qu'il était son vainqueur et triomphait de sa ruine, elle s'enfiévrait et aurait voulu le faire mourir de sa propre main.

Mais pour se venger, il fallait d'abord sortir de France et l'arrêt du Roy était communiqué et affiché dans tous les ports. Dans aucun, il ne lui serait délivré de passeport, au sens le plus strict du mot. Heureusement qu'il y a avec le Roy comme avec le Ciel des accommodements. A la Rochelle, où son mari avait ses principaux comptoirs, elle était certaine de se débrouiller et, pressée de quitter Paris où elle ne voulait pas faire figure de condamnée, elle y arriva trois jours après en brûlant les étapes.

Là elle logea dans la maison de Desjardins, pendant qu'il fouinait sur le port et dans les tavernes d'alentour pour tâcher de trouver le capitaine d'un navire en partance qui voudrait bien la prendre et la cacher à son bord jusqu'à ce que le navire fût en pleine mer.

Au faubourg Saint-Jean, dans la taverne de l'Ours-qui-tête, Desjardins rencontra le capitaine irlandais John Killock avec lequel il avait souvent eu affaire dans des cas de contrebande et autres transactions délicates que les officiers du port n'avaient pas à connaître.

En somme, John Killock était tout simplement un pirate et son navire, le *White-Moon*, qui jaugeait 200 tonneaux, et portait, cachés, vingt canons, un épervier de mer.

Entre bons camarades, John pouvait se vanter sans forfanterie d'avoir coulé cinquante-trois navires après les avoir soulagés de leur cargaison et de leur équipage. Il n'y avait pas d'ailleurs de plus gentil garçon et même de plus doux, quand il n'était pas ivre, ce qui lui arrivait environ sept fois par semaine. Alors il devenait méchant et surtout n'avait plus aucune délicatesse avec les femmes.

Moyennant cinq cents livres, il consentit à enrôler un jeune matelot rochellois, en lui fournissant des papiers pris sur un vaisseau hollandais qui reposait au fond de la mer, quelque part du côté des Essores. Ce jeune marin était, on le devine

Marie de La Tour dont l'allure cavalière s'accommodait fort joliment du pantalon et de la veste de toile goudronnés.

Le navire leva l'ancre à la fin de mars et, après avoir été visité par les officiers du port, sortit sans encombre. Quant aux incidents du voyage, ils ne surprirent pas trop la dame de La Tour qui avait été prévenue par Desjardins. Elle voulait à tout prix retourner en Nouvelle-France et n'avait pas le loisir de faire la sucrée.

Elle laissa donc le capitaine Killock se détourner de la voie directe pour chasser sur la route des Indes les vaisseaux de commerce hollandais et espagnols. Bon gré, mal gré, elle assista au coulage de trois d'entre eux après que la cargaison eût passé dans la cale du *White-Moon*. Quant à l'équipage, Killock n'en avait que faire, et les requins en profitèrent. Il est aussi probable que durant ces trois mois passés entre le ciel et la mer, le capitaine Killock manifesta certaines exigences auxquelles la dame de La Tour pouvait difficilement se dérober. Mais ceci est impossible à contrôler, et il vaut mieux ne pas en parler.

Au commencement du mois de mai, le *White-Moon* voguait sur la Baie Française, toute blanche dans la lumière radieuse du matin, comme le plus innocent petit navire qu'on pût voir. Quand la côte du Port-Royal apparut, Marie Jacquelin debout sur le tillac la contemplait avec une émotion composée de plusieurs sentiments dont il faut excepter la douceur. Elle fut bientôt tirée de sa rêverie par l'arrivée en plein vent d'une pinnace portant le pavillon de d'Aunay, qui se trouva bientôt sous la coupée du *White-Moon*.

Le capitaine de la pinnace prit son porte-voix pour menacer le *White-Moon* d'une canonnade s'il ne se laissait pas aborder et visiter. Marie de La Tour supplia John Killock de ne pas obtempérer à cette injonction. Mais deux autres vaisseaux apparurent à l'horizon et s'approchèrent rapidement poussés par le vent. Il fallait souffrir la visite indiscrète.

Marie de La Tour, craignant d'être reconnue malgré son accoutrement de matelot, se cacha à fond de cale derrière les ballots de marchandises. John Killock expliqua au capitaine de la pinnace, un nommé Trahans, qu'il allait à Boston sur la côte de Massachusetts, et s'était engagé par une erreur de direction dans la Baie Française. Trahans, rendu coulant par quelques verres de rhum et une poignée d'écus, apprit au capitaine Killock que les vaisseaux qui croisaient à l'horizon appartenaient au sieur d'Aunay et bloquaient la rivière Saint-Jean.

Pendant que le *White-Moon* s'attardait à chasser le Hollandais et l'Espagnol, un navire moins flâneur avait porté au Port-Royal une copie de l'arrêt du Conseil du Roy. Cette fois, décidé à le mettre en exécution, d'Aunay avait commencé par le blocus les opérations contre le repaire du rebelle, mis hors la Loi.

Dès lors la position de la dame de La Tour devenait difficile. Etait-elle condamnée à suivre dans ses pérégrinations le pirate susceptible d'être pris et pendu un jour ou l'autre? Elle pensait aussi que son énergie serait utile à son mari et que le moment était venu d'engager le combat contre le sieur d'Aunay.

Cependant il ne fallait pas songer à entrer dans la rivière Saint-Jean. Mais le Fort était accessible par voie de terre à travers les forêts qui le bordaient ; à condition de recruter des guides qui connussent les pistes, et Marie Jacquelin savait où en trouver.

A l'entrée de la baie, dans un lieu appelé Pentagoét vivait un homme singulier qui se nommait le baron de Saint-Castin. Issu d'une bonne famille de l'Orléanais, il était venu en Acadie avec un des convois de Poutrincourt, poussé par le goût des aventures et quelques difficultés qu'il avait eues avec les lois françaises, à cause de son mauvais caractère.

Il s'était établi à Pentagoét, y avait construit lui-même une espèce de fort, et vivait là en sauvage, parmi les Indiens Abénakis. Courant les bois avec eux, il avait épousé la fille d'un Sagamore et plusieurs fois avait mené la tribu au combat contre les Hurons. Ce grand bohême avait pris d'Aunay en grippe, on ne sait pourquoi, et, dans la Colonie française, ne voulait connaître que de La Tour qui avait été plusieurs fois son compagnon de chasse. Il avait fait quelques séjours au Fort Saint-Jean et Marie de La Tour sympathisait avec lui.

Elle obtint facilement du capitaine Killock qu'il atterrît dans la baie de Pentagoét. Il lui devait bien cette complaisance.

* * *

Le baron de Saint-Castin accueillit ces hôtes suivant les anciennes traditions de l'hospitalité française, c'est-à-dire qu'il mit sa maison, ses hommes et lui-même à sa disposition.

Rien n'était plus aisé que de procurer à la dame de La Tour une escorte d'Indiens sûrs pour la guider et au besoin la porter sur les pistes de la forêt, dans le parcours d'environ 20 lieues qui séparaient Pentagoét du Fort Saint-Jean. Mais avait-elle raison de vouloir s'enfermer dans le fort bloqué? Libre, ne pourrait-elle pas être plus utile à son mari? Ne ferait-elle pas mieux de l'envoyer prévenir et d'attendre à Pentagoét les instructions qu'il lui donnerait?

Elle se rendit à ces bonnes raisons et écrivit au sieur de La Tour un message que lui portèrent deux coureurs abénakis.

Pendant une semaine on fit bombance à Pentagoét. Le capitaine Killock et le baron de Saint-Castin s'entendaient comme s'ils se fussent toujours connus.

Marie de La Tour était plus réservée.

Le dimanche suivant les coureurs indiens revinrent avec le sieur de La Tour en personne.

Après les expansions conjugales, bien naturelles, il remercia vivement le capitaine Killock d'avoir pris si bons soins de sa femme et le capitaine Killock l'assura qu'il n'en avait eu que de l'agrément.

Mais, si La Tour avait voulu venir chercher sa femme à Pentagoét, ce n'était pas seulement pour le plaisir de la voir plus tôt.

Il n'avait pas l'intention de revenir au Fort Saint-Jean où il n'était pas en forces suffisantes pour forcer le blocus de d'Aunay et arrêter une attaque imminente. La perte de son procès lui enlevant ses derniers scrupules, il avait formé le projet d'aller à Boston demander du secours dans la Colonie anglaise en se targuant de ses titres de baronnet d'Ecosse qu'il avait laissés dormir pendant dix ans.

La résolution était considérable. Par cette alliance avec des ennemis hérétiques, il se mettait en rebellion ouverte contre le Roy et l'Eglise catholique. Mais au point où il en était, il n'avait plus rien à ménager.

Sa femme l'encouragea vivement, envisageant ainsi le moyen de mieux combattre d'Aunay et de le réduire à merci. Moyennant une indemnité supplémentaire de cent livres, le capitaine Killock consentit à les mener à Boston.

Chapitre VII

___

CHEZ LES PURITAINS

En l'an de grâce 1608, un shallop, petit navire de 50 tonneaux, portant un équipage de dix matelots commandés par le capitaine John Smith, celui qui quatre ans auparavant avait fondé la Virginie, était entré dans la baie de Massachusetts.

Le capitaine Smith avait l'intention d'explorer la baie, parce que, au dire des Indiens, les castors foisonnaient dans le voisinage, et peut-être serait-il possible d'y établir un comptoir pour le commerce des fourrures.

Les matelots, en débarquant sur la plage déserte, trouvèrent d'abord des homards entassés dans un trou. Cela leur parut évidemment déceler la présence d'êtres humains aux environs. En attendant, comme ils avaient faim, ils s'emparèrent des homards, allumèrent du feu, les jettèrent dans une marmite d'eau bouillante, pour les faire cuire à leur usage personnel. A peine avaient-ils commencé de les manger qu'ils entendirent de grands cris et virent accourir une jeune Indienne qui agitait les bras en signe de désespoir. Ils conclurent que c'était elle ou ses proches qui avaient pêché les homards et les avaient entassés dans le trou, pour venir ensuite les chercher. Ils lui donnèrent en échange de ses crustacés un bracelet de verroterie et une couverture de coton, dans laquelle elle se drapa aussitôt, en manifestant sa joie par une petite danse.

Elle était la fille du grand Sagamore d'une tribu d'Indiens Péquots, qui vivaient dans les bois près de la mer, et mena les marins anglais au wigwam de son père. Suivant la coutume des sauvages, soit par curiosité, soit par sociabilité, les Indiens Péquots accueillirent les étrangers avec la plus vive cordialité. On leur offrit un festin, composé de sagamite, c'est-à-dire de blé d'Inde concassé, de poisson, d'entrailles de cerf, de graisse d'ours, le tout bouilli ensemble dans une marmite fort sale et touillé avec une pagaie ; au dessert, le calumet de paix, et des intermèdes variés de chants et de danses. Après quelques palabres, les marins se réembarquèrent.

Telle fut l'origine de la ville de Boston.

Six mois après, le capitaine Smith revint dans la

baie de Massachusetts avec une flottille chargée de victuailles, de petits présents destinés aux Indiens Péquots et aussi de quelques canons destinés à appuyer les petits présents.

Il demeura plusieurs jours dans la baie jusqu'à ce qu'il eût chargé ses navires de fourrures. Avec ces échantillons, il fit voile vers l'Angleterre et deux mois après aborda dans le port de Londres, sur le quai d'Almanlo. Bientôt il eut réuni assez de capitaux pour fonder la Compagnie de la Baie de Massachusetts qui équipa trois navires et envoya d'abord sur la côte d'Amérique, deux mille émigrants.

Ils construisirent des maisons de bois à quelque distance de la mer, dans un endroit qu'ils appelèrent d'abord la Plantation.

Mais ce premier contingent était composé comme celui de Virginie, pour la plus grande part, d'hommes qui s'expatriaient parce qu'ils ne trouvaient pas de quoi vivre en Angleterre, ou vivaient hors la loi. Ces « desperados », indisciplinés, traitèrent les Indiens comme des êtres inférieurs, ainsi se les aliénèrent, s'en firent des ennemis, faillirent être massacrés, et comme ils ne pouvaient plus s'aventurer à chasser dans les bois ni pêcher dans la rivière, leur ravitaillement devint impossible. Perdue dans la solitude ennemie, la colonie mourait de faim. Des hommes s'entretuèrent et, pour apaiser leur faim, les survivants mangeaient les cadavres.

Le jour même où les derniers colons allaient s'embarquer sans vivres, et périr en mer probablement, l'arrivée d'un vaisseau d'Angleterre chargé de ravitaillement, les sauva.

Le capitaine du navire prit le commandement de la colonie et la ressuscita, comme avait fait, en Virginie, Lord Delaware.

Deux ans après, le papisme de Jacques Stuart chassait d'Angleterre une secte de protestants fanatiques, dénommés « Puritains », qui n'admettaient que l'autorité de la Bible et haïssaient les Anglicans, autant que les Catholiques.

Leur chef, Thomas Winthrop, avocat dans le comté de Surrey, énergique et habile, réunit trois mille hommes et femmes qu'il embarqua pour la Baie de Massachusetts, dans douze navires. En tête de la flotte voguait l'*Arabella*, illustre comme le *May-Flower* dans les fastes de l'histoire des Etats-Unis.

Ces nouveaux colons, très différents des premiers, appartenaient à la meilleure bourgeoisie anglaise. L'espoir de gagner de l'argent les animait évidemment, mais ils étaient surtout poussés à s'expatrier par le désir de pouvoir pratiquer librement leur culte.

L'Eglise, disait Winthrop, n'a plus de place que dans le désert. « The Church hat not place left to fly into, but wilderness. »

Charles Ier, trop heureux de se débarrasser de ces mécontents, leur donna une concession en règle connue sous le nom de la Charte de Charles Ier. Ainsi la colonie du Massachusetts fut officiellement fondée sous le sceau du Roi et celui de Dieu.

En effet, le gouverneur Winthrop avait fait avec le Ciel, au nom de ses administrés, la convention suivante, dûment enregistrée et déposée aux archives du Massachusetts.

« Au nom de Jésus-Christ, en obéissance à sa
« sainte loi et à sa divine ordonnance,

« Nous, dont les noms suivent, menés par sa sage
« et bonne providence, dans cette partie de l'Amé-
« rique, désireux de nous unir en congrégation ou
« église, sous la puissance de Notre Seigneur Jésus-
« Christ, faisons la promesse solennelle, comme si
« nous étions en sa sainte présence, de ne pas sortir
« des voies tracées suivant les règles de l'Evangile,
« et de demeurer en mutuel amour et respect les

« uns des autres, aussi proches que Dieu nous le
« permettra.

« Nous avons fait ce traité avec Dieu. Il nous a
« donné sa commission. Qu'il lui plaise de la ratifier.
« Mais si nous ne tenons pas les promesses que
« nous Lui avons signées, nous le prions qu'Il se
« venge et nous fasse connaître sa colère. »

Signé : WINTHROP, JOHNSON, WILSON, DUDLEY.

Il n'y a pas de pire tyrannie que la théocratie.
Sous une forme républicaine, le gouvernement du
Massachusetts ressemblait étrangement au papisme
exécré, et peut-être était-il encore plus despotique.
Les magistrats, soi-disant indépendants, étaient en
réalité humblement soumis au gouverneur, chargé
de faire observer et exécuter les traités passés avec
Dieu.

Le Conseil des Assistants, sorte de sénat composé
des plus notables colons ne discutait que pour la
forme les propositions du gouverneur. La désobéissance à ses injonctions était immédiatement
punie par des châtiments corporels, le fouet ou
l'exposition au pilori. Plus sévèrement encore, les
infractions à la religion ou au culte. Les blasphémateurs étaient pendus ; les manquants aux offices,
fouettés en public et exposés au carcan.

A Québec, l'autorité religieuse n'était d'ailleurs pas moins tyrannique. Seulement au lieu de pendre les blasphémateurs, on se contentait de les attacher sur un cheval de bois avec, aux pieds, des poids qui leur étiraient les muscles des jambes, dans d'horribles douleurs.

Mais la différence foncière consistait en ce que les colons du Massachusetts étaient des Anglais, c'est-à-dire des gens qui avaient toutes les qualités requises pour fonder et faire prospérer une colonie. Patients, prévoyants, gens d'initiative, avec un fort sentiment de leur responsabilité, et essentiellement commerçants, ils n'étaient bridés qu'en matière religieuse. Pour le reste, complètement libres, à leurs risques et périls, commerçant avec qui ils voulaient au lieu d'être astreints comme les colons de la Nouvelle-France aux quotations, taxations et restrictions imposées par les compagnies de fourrures maîtresses de la colonie, ils s'épanouissaient et prospéraient à l'aise. Aussi, en 1644, tandis que Québec n'était qu'une pauvre bourgade de 600 habitants vivant péniblement, Boston en comptait 20.000, tous riches ou du moins à l'aise.

La ville était propre, coupée de rues régulières, entre les maisons de bois, séparées par de beaux jardins. Il y avait dans le port une flotte de plus de 50 navires, une milice de 3.000 hommes organisée sous la forme d'une expèce de garde nationale. Le collège d'Harvard, noyau de la célèbre université, venait d'être fondé à Cambridge, auprès de Boston. Il y avait dans la ville deux imprimeries, des marchands de livres, un embryon de vie intellectuelle.

Déjà la colonie à peine organisée aspirait à se détacher de l'autorité du gouvernement d'Angleterre. La Charte de Charles Ier était précieusement conservée dans les archives de Boston ; mais un commissaire envoyé par le roi qui commençait à s'inquiéter de l'esprit d'indépendance manifesté par le Massachusetts, fut poliment éconduit et, comme il insistait, mis à la porte, c'est-à-dire bon gré mal gré embarqué sur le premier navire en partance pour l'Angleterre.

Quant aux relations de voisinage des Bostoniens avec la Nouvelle-France, elles étaient moins que bonnes. L'esprit d'accaparement anglo-saxon les poussait à d'incessantes tentatives d'empiètement territorial et commercial.

Le *White-Moon* portant le sieur et la dame de La Tour entra dans le port de Boston, un beau soir d'été, à l'heure où le soleil disparaissait derrière les hauteurs boisées des Three-Mountains qui dominent la ville. Dans la calme on entendait les cloches de l'église et les tambours de la milice qui s'exerçaient sur la plage.

Dès l'arrivée, un singulier incident se produisit. Tandis que le *White-Moon*, larguant une à une ses voiles, glissait sur les eaux transparentes, une barque s'éloignait de la petite île de Noddles-Island, qui est au milieu de la baie.

Dans l'île, un riche marchand, Edward Gibbons, magistrat de la commune de Boston, membre éminent de l'Eglise Puritaine et associé aux flibus- tiers qui pirataient sur les côtes des Indes Occi- dentales, possédait une ferme et un verger où sa femme et ses filles étaient venues passer l'après- midi. Elles retournaient à Boston lorsqu'elles aper- çurent le *White-Moon* sur lequel de La Tour avait fait arborer le pavillon français, on s'explique mal pour- quoi. Effrayée à la vue des hérétiques, la dame Gibbons qui portait le titre de « Good Wife », ordonna aux marins de son embarcation de rebrous- ser chemin vers l'île et elle s'enferma dans la maison avec ses enfants après avoir sonné la cloche d'alarme dont le son s'entendait jusqu'à terre, à cause de la pureté de l'atmosphère.

Sur la plage, les gardes nationaux armèrent leurs mousquets. Les canons furent chargés dans le fort qui protégeait la rade et sur les vaisseaux armés.

John Killock, après avoir dit à La Tour qu'il n'avait que ce qu'il méritait, mit son navire à l'ancre et attendit philosophiquement la suite des événements.

. Un moment après, une chaloupe accostait le *White-Moon* et le gouverneur Winthrop, accompagné de six miliciens, le mousquet sur l'épaule, montait à bord.

Il fut d'abord moins qu'aimable, prévint le sieur et la dame de la Tour, qu'étant hérétiques, l'entrée de la colonie leur était interdite sous peine d'être pendus. Il s'adoucit lorsque La Tour lui montra les parchemins qui lui conféraient le titre de baronnet d'Ecosse, Lord of Saint-Dennyscourt. Il parut au gouverneur Winthrop que cet hérétique connaissait avec Dieu et les hommes des accommodements, et il commença de l'estimer. La Dame de La Tour affectait d'ailleurs le maintien le plus digne et le plus réservé.

Winthrop autorisa donc les intrus à résider pendant une semaine dans une auberge de la ville pour laisser à de La Tour le temps d'exposer sa requête devant le Conseil des Assistants et sir Thomas Endicott, gouverneur général du Massachusetts, résidant dans la ville de Salem, à quelques milles de Boston. Il leur recommanda particulièrement, le Public House de Samuel Coles, dans le State-Street, à l'enseigne du State-Arms, pieuse maison, où prenaient pension plusieurs des membres du Conseil des Assistants. Il mena à terre dans sa chaloupe le sieur et la dame de La Tour, mais laissa sur son navire le capitaine Killock qui lui inspirait moins de confiance, avec trois miliciens pour le surveiller.

L'auberge de Samuel Coles était d'une extrême propreté et d'une nudité navrante. Sur la recommandation du gouverneur Winthrop, Samuel Coles donna à ses hôtes deux chambres meublées d'un lit étroit, d'une table, de deux chaises de bois et d'une toilette sommairement garnie d'ustensiles d'étain reluisants. Sur les murs, blanchis à la chaux, il y avait pour décoration des versets de la Bible et un crucifix, les bras levés ; sur la table, une Bible ouverte. Dans la salle commune, on mangeait assis sur des bancs de bois, devant des tables couvertes de nappes resplendissantes. On buvait une espèce de bière blanche peu alcoolisée ou du cidre dans des gobelets d'étain. Un surveillant appointé par le Conseil des Assistants, veillait à ce que les consommateurs ne bussent pas au delà de leur soif de façon à s'enivrer. La chère était simple, mais de bonne qualité, sans apprêt, servie par une esclave négresse.

Après avoir passé une nuit pacifiante dans ce décor édifiant, de La Tour et sa femme se rendirent le lendemain matin chez le gouverneur qui habitait un cottage à Cambridge. Sir Winthrop les présenta à sa femme Margaret, petite personne blonde, douce et insignifiante, qui ne comprenait pas le français et regardait Marie de La Tour avec timidité et inquiétude, comme une image des séductions sataniques qu'on attribuait aux Françaises. De La Tour put à loisir exposer au gouverneur le but de son voyage.

Il demanda que le gouvernement du Massachusetts lui prêtât trois navires armés et deux cents hommes de troupe pour l'aider à forcer le blocus que d'Aunay avait constitué autour du Fort Saint-Jean. Il offrait une location de cinq cents livres par navire et par mois, et de dix livres pour les hommes, gagées sur ses vaisseaux dont il se garda bien d'avouer la saisie dans les ports de France. Le meilleur atout qu'il eût dans son jeu était la crainte que l'établissement du Port-Royal inspirait aux Bostoniens. Plusieurs fois, ils avaient eu maille à partir avec d'Aunay qui s'opposait énergiquement à leur emprise. Ils l'accusaient de fournir des armes aux Indiens Péquots, autrefois amis des Anglais, maintenant hostiles, et acharnés à défendre leur territoire.

De La Tour fit valoir qu'en le laissant écraser, les Bostoniens fortifieraient le pouvoir de d'Aunay, qui deviendrait de plus en plus inquiétant. Winthrop l'écoutait avec sympathie en lançant de temps en temps un coup d'œil furtif sur Marie de La Tour qui évidemment l'impressionnait. D'ailleurs, la fine mouche s'en était aperçue dès la veille, et elle jouait avec lui le grand jeu de la coquetterie, celui qui consiste à avoir l'air de ne pas avoir l'air. Et c'était encore un bon atout dans le jeu de son mari.

Winthrop lui promit, en effet, de l'appuyer auprès du Conseil des Assistants et à Salem devant le gouverneur général de la colonie qui devait décider en dernier ressort si sa demande était acceptée ou rejetée.

Le Conseil des Assistants tenait ses séances dans

une maison de bois, au milieu de la ville, sur une place, auprès d'un étang peuplé de grenouilles, dont le nom existe encore (The Frog-Pond). La salle des délibérations ressemblait à une salle de prêche ; les murs blancs, nus, excepté des inscriptions tirées des Livres Saints. Les Assistants étaient assis sur des bancs, devant des pupitres de bois.

Sur une estrade, les magistrats et le gouverneur avaient droit à des chaises.

La séance commençait par une lecture de la Bible et une prière en commun. Ensuite on délibérait sur les questions du jour et la discussion était toujours appuyée par les textes sacrés. Ces Puritains avaient, bien entendu, les mêmes motifs d'agir que les autres hommes, c'est-à-dire l'intérêt ou la passion. Seulement ils les enveloppaient dans un attirail biblique. En d'autres temps, on les dissimula derrière les grands mots de « droit, justice, liberté » et divers immortels principes.

L'avis de la majorité, dès l'abord hostile à d'Aunay fut « qu'il était parfaitement légal selon la loi divine de secourir La Tour contre son adversaire, puisque le Seigneur avait autorisé Josué à secourir les Galéonites contre les Chananéens et Joaphat à aider Joam contre Moel ».

En conclusion, de La Tour fut autorisé à louer au major Gibbons, le plus riche armateur du port dont il avait tant effrayé la femme, trois navires armés et équipés, pour l'aider à forcer le blocus mis par d'Aunay au Fort Saint-Jean.

Toutefois, la constitution de la colonie de Massachusetts interdisant de répandre le sang... sauf le cas de défense légitime... et de s'emparer des biens de l'ennemi... sauf nécessité urgente... il fut spécifié dans le traité que les vaisseaux bostoniens se contenteraient de manifester leur puissance, en terrorisant ceux de d'Aunay, mais qu'ils ne les attaqueraient pas... les premiers. Ces restrictions édifiantes n'inquiétèrent pas le sieur de La Tour qui savait ce qu'en vaut l'aune.

Le lendemain, dimanche, toute la vie de la colonie était concentrée dans le temple. La veille, pour leur annoncer la bonne nouvelle, Winthrop avait invité les de La Tour à venir prendre chez lui du thé et des gâteaux et il les avait engagés à ne pas sortir le lendemain de leur auberge, à moins qu'ils ne voulussent assister aux offices.

De La Tour était trop adroit pour manquer cette occasion de popularité. Qui veut la fin, veut les moyens, et l'alliance du Massachusetts valait bien un prêche.

Marie de La Tour laissa d'ailleurs entendre au gouverneur Winthrop qu'elle était née dans l'hérésie, mais que les plus secrètes aspirations de son âme avaient toujours été vers la religion réformée, et surtout le culte puritain. Winthrop ravi se promit d'essayer de la convertir et lui annonça qu'il lui donnerait, si elle le voulait bien, une petite leçon pour lui faire mieux comprendre les beautés du puritanisme et comment il se distinguait nettement de l'infect calvinisme. Il pensait cependant que les femmes françaises ont quelque chose de satanique dans le regard et que la pire ruse du diable est d'avoir enveloppé dans tant de douceur leur damnante volupté.

Le lendemain matin, à neuf heures, cloches et tambours appelèrent impérieusement à l'office divin Bostoniens et Bostoniennes, Toutes les auberges de la ville et les magasins fermèrent leurs portes. Dans les rues mortes, hommes, femmes et enfants, vêtus de noir ou de couleur sombre, silencieux et déjà recueillis, au moins d'apparence, se hâtaient vers le temple. Il fut bientôt rempli. Le commun peuple était assis au milieu, sur des bancs disposés en rangées. A droite et à gauche, il y avait deux estrades sur lesquelles étaient placés les membres du Conseil des Assistants et les magistrats, hauts dignitaires de l'Eglise Puritaine. Les enfants étaient gardés dans la galerie par des surveillants.

Le sermon dura deux heures pendant lesquelles on n'entendait aucun bruit sauf quelques toux, éternuements, et la voix nasillarde du prédicateur. Marie de La Tour s'ennuyait autant que possible, d'autant plus qu'elle ne comprenait pas un mot d'anglais, et d'ailleurs l'eût-elle compris qu'elle ne se serait probablement pas moins ennuyée. Mais elle n'en laissait rien voir, demeurait à son banc immobile, comme pétrifiée, les yeux baissés. Sa contenance était telle que les plus purs puritains en furent surpris et édifiés. Leurs femmes étaient moins enthousiastes.

Pendant l'office, des surveillants parcouraient les rues de la ville, pour noter les noms des flâneurs et leur dresser contravention. Ils entraient aussi dans les maisons et les malades devaient leur montrer le certificat du médecin qui les autorisait à ne pas sortir de chez eux.

L'office des vêpres occupa encore une partie de l'après-midi. Pendant le deuxième sermon, Marie de La Tour, à bout de nerfs, eut envie de pousser des cris, de se mettre à danser, de faire n'importe quoi pour provoquer un scandale qui romprait l'ennui. Elle se contint par un grand effort de volonté.

De temps en temps, pour se distraire, elle s'amusait à jeter un regard à la dérobée sur le gouverneur Winthrop assis au premier rang dans le Conseil des Assistants. Il s'efforçait de ne pas la voir et souvent la regardait.

Les de La Tour restèrent encore trois jours à Boston pendant que Winthrop allait plaider leur cause à Salem, où le gouverneur général Endicott refusa d'abord de ratifier le consentement donné par le Conseil des Assistants de Boston, arguant que

« Tant que de La Tour et d'Aunay seront opposés
« l'un à l'autre, ils s'affaibliront mutuellement et
« cela pour le bien de notre colonie. Si de La Tour
« prend le dessus, il est à craindre que nous ayons
« en lui un voisin dangereux ; en tous cas nous
« n'aurons jamais sujet de nous réjouir d'avoir
« fortifié un Français idolâtre. »

Winthrop lui rétorqua vainement que si d'Aunay écrasait de La Tour, l'argument se retournait, d'autant mieux que d'Aunay était le plus inquiétant des deux rivaux.

Endicott céda enfin, en laissant toute la responsabilité à Winthrop, et se dégageant sur ce que cette affaire intéressait surtout les armateurs de Boston.

Winthrop passa la nuit dans une poignante perplexité. Sans doute n'aurait-il pas pris parti contre le gouverneur général s'il n'avait pas craint de faire de la peine à la dame de La Tour. Mais il ne se l'avouait pas et se prétextait qu'il comprenait l'intérêt de la colonie mieux que Sir Endicott.

L'équipement des vaisseaux dura une quinzaine de jours pendant lesquels il connut tourments et délices. Marie de La Tour, qui s'ennuyait à périr dans la cité puritaine, s'amusait à l'affoler. Elle s'ingéniait à le rencontrer et, feignant de vouloir se convertir au puritanisme, le priait de lui enseigner la Vérité. Elle lisait la Bible et lui demandait des éclaircissements sur certains chapitres de ce livre de sang et de volupté.

« Que signifiait exactement le Cantique des
« Cantiques? Salomon représentait-il vraiment le
« Christ, et la Sulamite, l'Eglise réformée? Alors
« quel était le sens mystique de ces appels pas-
« sionnés?

Tout en parlant, elle appuyait sur lui de longs regards qu'elle tâchait de rendre candides et, quelquefois, le frôlait, comme par hasard. Winthrop en était brûlé, ainsi que d'une flamme d'enfer, mais un enfer de volupté où il aurait voulu s'engloutir. Il passait des nuits atroces, suppliant Dieu de lui donner la force de résister aux assauts de Satan. A côté de lui, sa femme, la douce Margaret, pleurait parce qu'il la négligeait complètement.

On commençait à parler à Boston de sorcellerie, envoûtement, possession du diable et tout l'attirail de la magie noire. Margaret se demandait maintenant si cette femme idolâtre n'avait pas ensorcelé son mari et si elle ne devait pas la dénoncer au chapelain Dudley, Chef de l'Eglise de Boston.

Enfin les navires furent équipés. Il était temps pour le repos de Winthrop, de Margaret et peut-être la sauvegarde de Marie de La Tour, qu'une accusation de sorcellerie pouvait mettre dans les pires embarras.

Le septième jour de juin, la petite flotte était parée dans le port de Boston. Depuis plusieurs jours, le *White-Moon* avait quitté la rade où le capitaine Killock se sentait languir dans l'inaction. Il y avait quelques bonnes prises à faire le long des côtes de Floride et le faucon de mer ne pouvait demeurer longtemps au repos, les ailes pliées.

Avant de prendre son vol il avait fait mettre à terre les trois miliciens chargés de le garder, ivres-morts.

A bord du navire bostonien qui portait de La Tour et sa femme, Winthrop vint leur dire adieu. Il serra la main de de La Tour sans chaleur. Marie de La Tour lui tendit le bout des doigts et puis, brusquement, comme aucun matelot ne pouvait les voir, l'embrassa sur la bouche. Il en eut le vertige et lui rendit éperdûment son baiser.

De La Tour s'était détourné, exprès ou par hasard.

Lorsque la chaloupe qui ramenait à Boston Sir Winthrop accosta le quai, et qu'il mit pied à terre, il lui sembla qu'il entrait dans une ville déserte. Une demi-heure après, les trois navires, poussés par une belle brise du sud-est, avaient disparu à l'horizon. et le gouverneur, sir Thomas Winthrop avait tout bêtement envie de pleurer.

* * *

A la fin de la semaine, les navires bostoniens entrèrent dans la Baie Française et poursuivirent leur route sans encombre jusqu'en vue de l'île

Longue à l'embouchure de la rivière Saint-Jean. Là, ils reconnurent les vaisseaux de d'Aunay, qui barraient l'entrée. Ils paraissaient ancrés, les voiles abattues, immobiles, en toute sécurité.

De La Tour projetait de se jeter sur eux et de s'en emparer.

Mais un guetteur les prévint et ils eurent le temps d'appareiller et de lever l'ancre. De La Tour, avec ses soixante canons, était sûr de n'en faire qu'une bouchée et sans doute d'Aunay, qui était sur un de ces vaisseaux, fut-il du même avis, puisque, refusant le combat, ils déguerpirent en mettant le cap sur Port-Royal, où d'ailleurs le vent les poussait. De La Tour ordonna de les poursuivre. Mais, avant l'invention de la vapeur, le vent était le maître des combats sur mer ; il favorisa les vaisseaux de d'Aunay qui, la brise en poupe, piquaient droit sur Port-Royal, tandis que ceux de de La Tour étaient forcés de louvoyer. Les capitaines anglais jugeant la poursuite inutile, décidèrent de revenir à Boston et se contentèrent de s'emparer d'une pinnace chargée de fourrures qu'ils rencontrèrent sur leur chemin.

Alors ils se demandèrent si la constitution du Massachusetts les autorisait à se partager les biens d'un hérétique, hors le cas d'absolue nécessité. Après un petit examen de conscience, ils reconnurent qu'ils se trouvaient précisément dans ce cas, parce que leurs dissentiments avec les Indiens Péquots avaient beaucoup entravé le ravitaillement de la ville, en pelleteries. Leurs épouses et eux-mêmes risquaient, l'hiver prochain, de mourir de froid, ce qui n'était certainement pas dans l'intention du Seigneur. En mettant sur leur chemin une pinnace pleine de fourrures qui appartenaient à un ennemi et surtout un idolâtre, Il leur montrait clairement qu'Il voulait leur venir en aide. La conscience rassurée, ils se partagèrent les fourrures avant de débarquer au Fort-Saint-Jean le sieur et la dame de La Tour.

* * *

Ils trouvèrent leur maison en bon état et recommencèrent à y vivre comme autrefois, côte à côte, amicalement, sans amour.

Marie de La Tour regrettait amèrement que les caprices du vent l'eussent privée du plaisir de voir couler sous ses yeux les vaisseaux de d'Aunay et, peut-être, d'Aunay lui-même, jeté à la mer. Quelle douceur, de le sauver de la noyade pour ensuite le tenir prisonnier au Fort Saint-Jean et l'y accabler de mépris ! Elle s'en délectait par imagination.

Son mari se contentait d'être débarrassé du blocus qui gênait son commerce. Et, puisqu'en France les ports lui étaient barrés par l'arrêt du Conseil du Roy, il s'occupait de dépêcher en Angleterre et en Espagne des vaisseaux chargés de fourrures.

Vinrent l'automne brumeux et, après les brouillards, la neige et le long hiver canadien. Enfermée dans le Fort Saint-Jean, pendant les longues nuits silencieuses, mal éclairées par des chandelles de suif, Marie de La Tour songeait de plus en plus au sieur d'Aunay.

Au mois de mars, quand les neiges commencèrent à fondre et que, les sentiers devenus accessibles, l'isolement fut rompu, de La Tour apprit par un Abénaki, qui venait de Port-Royal, que d'Aunay ne voulait pas rester sur sa défaite de l'année précédente et préparait une expédition contre le Fort Saint-Jean.

Cela l'inquiéta. Il n'avait dans le port que des chaloupes et le *Saint-Clément* désarmé. Sa garnison ne comptait qu'une cinquantaine d'hommes et, de quelques-uns, il n'était pas absolument sûr.

Il résolut de retourner immédiatement à Boston pour demander du renfort, convaincu qu'il pouvait compter fermement sur ses nouveaux alliés, après leur avoir fait faire en somme une fructueuse opération. D'ailleurs, il n'avait pas d'autre parti à prendre. Il comptait être de retour dans un mois au plus tard.

Il engagea sa femme à ne pas l'accompagner, pour ne pas laisser la garnison livrée à elle-même, sous la menace d'une attaque qui ne se produirait, d'ailleurs, problablement pas avant qu'il ne fût revenu. Il la confia à la garde de Jamin, son « capitaine de mer », dont il était plus sûr que de lui-même.

Elle consentit volontiers à rester au Fort Saint-Jean. Elle n'avait peur que de la mer et la pensée qu'elle allait peut-être se trouver aux prises avec d'Aunay la tonifiait d'une allégresse martiale. L'ennui et les humeurs noires disparurent comme par enchantement. Décidément, elle était née pour la guerre. Au fond, n'est-ce pas le véritable tempérament des Français?

Chapitre VIII

LA COMMANDANTE

Lorsque d'Aunay apprit que la dame de La Tour était seule au Fort Saint-Jean, défendu par une petite garnison, il résolut de précipiter ses préparatifs d'attaque. On trouvera sans doute qu'en cela il ne se manifestait pas très chevaleresque. Mais il faut dire que l'alliance des de La Tour avec des hérétiques ennemis de la France était bien faite pour indigner ce champion de la « Croix et des Lys ». Désormais il les considérait comme des « hors-la-loi », plus encore qu'après l'arrêt du Conseil du Roy. Il avait aussi de bonnes raisons de s'inquiéter pour la sûreté de la colonie du Port-Royal, qui pouvait être si aisément saccagée par une incursion de leurs nouveaux alliés, les Anglais. Son devoir était de les devancer; et, puisque l'occasion se présentait de détruire le nid des rebelles, il voulut la saisir.

Trois semaines après le départ de de La Tour, dans les premiers jours du mois d'avril, deux navires portant trois cents hommes apparurent à l'entrée de la rivière Saint-Jean.

Aussitôt, la dame de La Tour prit ses dispositions de combat, d'accord avec le capitaine Jamin, capitaine de mer. Et, d'abord, elle fit arborer sur le mât qui dominait le fort un drapeau de flanelle rouge.

On se demande d'où lui était venue l'idée d'exhiber cet emblème révolutionnaire qui apparut pour la première fois dans l'Histoire, pendant la Révolution française, aux fenêtres de l'Hôtel de Ville, le jour de l'émeute du Champ de Mars. Avait-elle eu la prescience de ce que devait plus tard signifier le drapeau rouge?. Voulait-elle montrer à d'Aunay par ce nouvel étendard, de couleur violente, qu'elle ne reconnaissait plus d'autre autorité que celle de la haine.

Pendant deux semaines d'Aunay, attendant on ne sait quoi, se contenta de bloquer la rivière Saint-Jean. Le 26 mars, dimanche, jour des Rameaux, trois capucins du séminaire de Port-Royal se présentèrent à l'entrée du Fort, précédés par une trompette qui agitait un drapeau blanc. Ils se disaient chargés de propositions de paix de la part du haut

et puissant seigneur, Charles d'Aunay de Menou-
Charnisay.

La malice parut cousue de fil blanc à la dame
de La Tour et au sieur Jamin. Ces capucins avaient
évidemment mission d'espionner dans le Fort, afin
de s'assurer de l'état des défenses et peut-être
essayer de débaucher la garnison. Marie de La
Tour voulait qu'on les renvoyât sans autre forme
de procès, en les menaçant de les pendre s'ils reve-
naient à la charge. Le sieur Jamin partisan de la
conciliation, tant qu'elle était possible, lui suggéra
un moyen terme qu'elle finit par accepter. Il proposa
donc aux Capucins de se laisser bander les yeux,
conduire par des soldats jusqu'à la Commandante,
et quand ils lui auraient transmis les instructions
dont ils étaient chargés, souffrir d'être reconduits,
en aveugles, jusqu'à la porte du Fort.

Les Capucins justifièrent les soupçons et l'irri-
tation de la Commandante, parce qu'ils refusèrent
la proposition du sieur Jamin. Ils prétendirent
que leur caractère sacré ne pouvait se plier à ces
façons soldatesques. Ils venaient porter dans le
Fort Saint-Jean des paroles de paix et de bénédiction, mais entendaient les porter les yeux
ouverts.

Un des forts construits par d'Aunay autour du Port-Royal
(Vue prise en 1850)

Dès lors, la dame de La Tour donna libre cours à sa méchante humeur. Montant sur le bastion qui dominait l'entrée du Fort, elle apostropha les Capucins avec véhémence en les menaçant, s'ils ne déguerpissaient pas au plus vite, de leur envoyer la décharge d'un fauconneau. Sans se faire presser davantage, les Capucins retournèrent d'où ils étaient venus et rendirent compte à messire d'Aunay de l'échec de leur mission.

Cependant, la Semaine sainte s'avançait. Il était certain que les hostilités ne seraient pas entreprises pendant ces jours consacrés à la prière dans toute la chrétienté. D'ailleurs d'Aunay tout en laissant ses vaisseaux à l'entrée de la rivière Saint-Jean était retourné au Port-Royal, en traversant sur une chaloupe, la baie, brillante comme un lac de soie bleue, sous le doux soleil de printemps. Il tenait à faire ses dévotions le dimanche de Pâques dans la chapelle du Fort avec sa famille, ses fermiers et les Indiens convertis.

Au Fort Saint-Jean on était moins attentif aux devoirs religieux, pour ne pas dire qu'on ne l'était pas du tout. Le père Jacquelin, le barbier du Mans, qui tenait à sa clientèle et craignait de se l'aliéner ne professait aucun culte ni réformé ni catholique.

Marie Jacquelin avait reçu dans son enfance une teinture de religion que sa vie parisienne avait bientôt effacée. Quant aux coureurs des bois et garnements qui composaient la garnison, la plupart ne connaissaient ni Dieu ni diable. C'était une bande d'aventuriers à tous crins, capables du meilleur et du pire, difficilement tenus par la poigne du capitaine Jamin.

Enthousiasmés de l'énergie guerrière que déployait leur Commandante, ils lui étaient dévoués, sauf une douzaine d'Espagnols, déserteurs de l'armée des Impériaux que Desjardins avait recrutés à la Rochelle et embarqués pour le Fort Saint-Jean. Ceux-là, fervents catholiques et bandits avérés, craignaient d'être damnés s'ils ne communiaient pas le jour de Pâques. Comme il n'y avait aucun prêtre au Fort Saint-Jean, le Samedi-Saint, ils décidèrent de passer à l'ennemi.

Après le dîner, le capitaine Jamin les avait menés en reconnaissance aux bords de la rivière pour s'assurer qu'aucun des sauvages que d'Aunay employait n'était embusqué dans les roseaux. En passant près d'un canot indien que les Abénakis alliés à de La Tour avaient attaché au tronc d'un saule, les Espagnols se précipitèrent pour le détacher, sauter dedans et descendre le cours de la rivière jusqu'aux vaisseaux de d'Aunay. Le capitaine Jamin put les prévenir. Il saisit d'une main la corde de liane tressée qui tenait le canot, tandis que de l'autre main il brandissait son pistolet, menaçant de brûler la figure au premier qui toucherait la corde. Cependant il n'aurait pas pu tenir seul contre douze hommes, si les miliciens du Fort n'étaient accourus à son secours. Une petite mêlée s'ensuivit. Un Espagnol eut la tête fracassée et un Flamand reçut un coup de couteau dans le ventre. Enfin, les Espagnols furent mis à la raison et le détachement rentra dans le Fort en bon ordre.

Le dimanche de Pâques se passa donc sans offices, tout comme un autre jour de la semaine.

Le lundi matin, dès la première heure, d'Aunay revint de Port-Royal. La Verdure lui annonça que la veille, un guetteur posté à l'entrée de la baie avait saisi un shallop bostonien monté par six hommes, qui portait à la dame de La Tour un message de son mari pour lui annoncer son prochain retour, avec de beaux renforts. Le shallop avait été désemparé et les matelots débarqués, avec quelques vivres, dans une île d'où ils ne pouvaient s'échapper.

Cela décida d'Aunay à brusquer l'attaque. Dans l'après-midi de ce lundi 8 avril, il fit avancer ses navires dans la rivière, en les laissant toutefois hors de la portée des canons du Fort. Et sa milice débarqua.

Marie de La Tour et Jamin montèrent sur le bastion. Au risque d'être atteinte par une balle, la Commandante, debout, regardait venir la troupe ennemie. D'Aunay marchait en tête, son épée à la main, des plumes blanches au chapeau. Quand il se fut assez approché pour reconnaître la dame de La Tour, il la salua. Elle lui répondit en ordonnant un feu d'artillerie. Les boulets, tombant trop loin, n'atteignirent pas leur but. D'Aunay salua encore la dame de La Tour. Alors, exaspérée, elle voulut elle-même pointer un canon. Cette fois la décharge fit son effet. Deux hommes tombèrent. Les autres prenant le pas de course se précipitèrent au pied des retranchements où le feu des canons ne pouvait plus les atteindre, de haut en bas, et ils appliquèrent des échelles pour escalader le bastion. En même temps les vaisseaux s'approchant firent un « tonnerre » qui causa une brèche dans la palissade.

Les ouvrages de terre furent bientôt pris d'assaut.

Que pouvaient quarante-cinq hommes contre deux cents? D'autant moins que les Espagnols tournèrent casaque dès le commencement du combat.

Marie de La Tour, désespérant de la résistance, ne cherchait plus qu'à rencontrer d'Aunay. Pistolet en main, le regard et les lèvres enflammés, belle d'une beauté tragique, elle avait trouvé son plus beau rôle et le jouait avec la sincérité qui lui avait toujours manqué sur la scène.

Quand d'Aunay se trouva en face d'elle, il en demeura un moment ébloui, mais il n'avait pas le loisir de s'attarder à la contempler.

Sa belle ennemie lui décocha une balle de pistolet qui l'atteignit au bras gauche. Sur le moment, il ne sentit que la douleur d'un coup de fouet, et par un mouvement spontané qu'on appelle aujourd'hui un reflexe, il tira sur elle, d'ailleurs sans l'atteindre. Alors elle éclata d'un rire nerveux et allait lui envoyer, de son autre pistolet, une seconde balle, lorsque le capitaine La Verdure la saisit par les épaules et la renversa à terre.

Un moment après, écumante de fureur, elle était ligotée et, bientôt, le combat finit.

D'Aunay n'avait perdu que six hommes. Pour remercier Dieu d'une victoire aussi peu coûteuse, il fit prononcer par un des Capucins, sur le champ de bataille, c'est-à-dire au milieu de la cour du Fort, une prière d'action de grâces qu'il écouta à genoux, La Verdure et tous ses soldats prosternés derrière lui.

Ensuite il ordonna le pillage. On trouva dans le Fort des vivres, les vins de France les plus renommés, des eaux des Isles, un magasin de pelleteries, une grande quantité de couvertures, du tabac, du vermillon et autres marchandises pour servir à la troque avec les Indiens. Enfin, dans une cachette que dévoila le capitaine Jamin, sous la menace d'être appliqué à la torture des tenailles rougies au feu, on dénicha la somme de soixante dix mille livres.

Outre la dame de La Tour, il y avait encore deux femmes dans le Fort, la petite soubrette qui avait épousé le capitaine Jamin et une métisse, fille de chambre. Elles ne furent pas violées plus que de coutume.

La Commandante, enfermée dans une chambre, demeura ligotée toute la nuit. Mais personne ne lui toucha un cheveu de la tête, d'Aunay ayant déclaré que celui qui l'outragerait serait immédiatement mis à mort.

Le lendemain, il donna l'ordre d'enterrer les morts fort décemment. Ensuite, pour l'exemple, il fit pendre aux arbres du jardin fruitier un sur dix des soldats de la garnison. Les autres s'engagèrent dans sa milice.

Quelques historiens prétendent qu'il obligea la belle Commandante d'assister en chemise, nu-pieds, une corde au cou, à l'exécution de ses miliciens, mais il n'y a aucune preuve de cela et le caractère du sieur d'Aunay ne se prête pas à cette supposition.

Dans l'après-midi, les vainqueurs s'embarquèrent pour retourner au Port-Royal en laissant un petit détachement au Fort Saint-Jean.

La dame de La Tour délirait en proie à une fièvre violente et d'Aunay la fit mettre dans sa propre cabine, sur son vaisseau.

Après le combat, les pendus se balancèrent au vent, pendant quelques jours, parmi les fleurs des cerisiers et des pruniers. Les corbeaux leur enlevèrent les yeux pour les dévorer et peu à peu leur corps pourrirent, tandis que tombaient les fleurs des arbres.

—————

CHAPITRE IX

LA PRISONNIÈRE

Sitôt débarquée au Port-Royal, Marie de La Tour délirante fut conduite au séminaire des Capucins que d'Aunay avait fait installer près du Fort. Un des religieux lui céda sa chambre ou plutôt sa cellule. Il n'y avait pas de médecin au Port-Royal et c'est peut-être à cela qu'elle dut son salut. Un des fils d'Hébert, l'apothicaire qui était venu avec le sieur de Poutrincourt trente ans auparavant, demeurait dans la colonie et y exerçait la profession de son père. Il appliqua sur la dame de La Tour, sans chercher midi à quatorze heures, les remèdes classiques de l'époque, c'est-à-dire la saignée et la purgation. Cette thérapeutique simpliste se trouva la meilleure et la plus efficace, la dame de La Tour étant vraisemblablement atteinte de ce que nous appelons maintenant une fièvre cérébrale.

Rafraîchie et décongestionnée, elle cessa de divaguer et, peu à peu, la fréquence de son pouls diminua. Après une semaine, sa vie n'était plus en danger et bientôt elle entra en convalescence. Elle se sentit alors transformée.

Par un phénomène fréquent après cette sorte de fièvre, il lui semblait qu'elle se détendait dans un bain de langueur et elle connaissait des attendrissements jamais éprouvés, de telle sorte qu'elle croyait entrer dans un monde nouveau

Autour d'elle, tout se prêtait à cette transformation. Le printemps du Canada a d'incomparables douceurs. Après la mort de l'hiver, la nature renaît toute neuve, fraîche et ingénue. Dans le séminaire, il y avait plusieurs petites filles indiennes qui apprenaient le catéchisme, avant de faire leur première communion. Ces jeunes sauvagesses, fort intelligentes, avaient le don musical inné des races indiennes. Aux heures des offices elles chantaient des cantiques avec les plus jolies voix et surtout les plus justes qu'on pût entendre. Le bruissement de la mer les accompagnait.

Dans son lit, la fenêtre ouverte, Marie de La Tour les écoutait, ravie. Son passé lui apparaissait comme dans un brouillard. Avait-elle rêvé jadis? Rêvait-elle maintenant? Sa mémoire affaiblie ne lui retraçait plus que des fantômes. Elle vivait pour vivre, dans la seule joie de se sentir renaître peu à peu, doucement, d'entendre le bruit de la mer, le chant des petites filles, celui des oiseaux, de sentir la caresse de l'air et de regarder verdir les arbres.

Le premier rappel de la réalité méchante lui fut infligé par une visite du Père Ignace. Ce prêtre maladroit voulut la confesser pour la faire revenir de ses erreurs passées et il commença par la menacer de l'enfer. Elle le pria doucement de la laisser sur la terre où elle se trouvait bien et de remettre à plus tard sa conversion. Il sortit de sa chambre fort irrité, disant à d'Aunay qu'elle était certainement possédée par le diable et qu'avant d'essayer de la ramener à Dieu, il fallait l'exorciser.

Mme de Brice la fatiguait aussi en venant la voir plutôt par curiosité que par intérêt.

Cette dévote aigrie considérait avec horreur la belle pécheresse et, tout en affectant de s'intéresser aux progrès de sa convalescence, laissait percer sa haine...

* * *

Comme elle commençait à se lever et passait

plusieurs heures assise près de la fenêtre, dans un fauteuil d'osier tressé par les Indiennes, d'Aunay lui fit demander si elle pourrait le recevoir parce qu'il avait certaines choses importantes à lui dire. Elle en fut si agitée qu'elle eut un gros accès de fièvre. Mais le sieur d'Aunay était avant tout un « gentil-homme » au sens étymologique du mot, qui ne correspond pas toujours à la réalité, c'est-à-dire un homme de bonne façon et d'une certaine délicatesse d'âme. Il se présenta devant sa prisonnière exacte-ment avec les mêmes façons qu'il aurait eues à Paris, pour visiter une dame de qualité, souffrante. Il s'enquit d'abord de sa santé, et si elle n'avait rien à désirer.

Elle l'écoutait, surprise, très émue et bientôt rassurée. Après les premiers compliments, il lui demanda, en s'excusant de la tourmenter, si elle voudrait bien examiner la liste des objets qui avaient été pris au Fort Saint-Jean, afin qu'on lui rendît ceux qui étaient sa propriété personnelle, bijoux, robes, chapeaux et tous attirails de femme. Il lui remit le papier écrit et annoté par le sieur Petit, garde-notes au Port-Royal.

Marie de La Tour le remercia et ce jour-là l'entretien ne fut pas prolongé plus avant.

Craignant de la fatiguer, d'Aunay se retira en la priant de le faire prévenir quand elle aurait eu le loisir d'examiner les dits papiers et voudrait bien le recevoir.

Après son départ, elle demeura quelque temps songeuse, sans précisions ni inquiétudes, et puis, comme sa tête lui faisait mal, elle s'étendit sur son lit et s'endormit. La nuit tombée elle fut éveillée par la petite Indienne qui lui portait habituellement ses repas. Elle se retrouva très heureuse, très calmement heureuse, sans savoir exactement pourquoi. D'Aunay était beaucoup plus troublé. Depuis ce jour-là il pensa continuellement à Marie de La Tour et attendit avec impatience qu'elle lui fît dire qu'elle était prête à le recevoir.

Peu à peu, elle se reconnaissait elle-même, c'est-à-dire d'esprit net, et d'imagination ardente, toutefois estompée d'une douceur nouvelle, comme les brouillards qui s'élèvent, le soir, au-dessus des prairies après la chaleur du jour.

Dans la seconde entrevue qu'elle eut avec d'Aunay, elle lui demanda tout de go ce qu'il avait l'intention de faire d'elle. Car enfin, elle était sa prisonnière... Elle lui disait cela d'ailleurs en souriant, plutôt par curiosité que par inquiétude, certaine que son vainqueur ne lui causerait aucun mal.

D'Aunay ne s'attendait pas à cette question, ainsi posée à brûle-pourpoint. D'ailleurs il n'avait pas encore songé qu'elle se poserait un jour. Tout ce qu'il voulait obscurément, c'était que Marie de La Tour ne quittât pas le Port-Royal. Tant qu'elle était malade, cela allait de soi. Mais à présent qu'elle était à peu près guérie, une difficulté nouvelle se présentait. Pouvait-il la garder chez lui comme une invitée, c'est-à-dire la prier de s'asseoir à sa table à côté de sa femme et de ses enfants ? Non, évidemment. Alors ?

Alors, après s'être bien creusé la tête et avoir envisagé plusieurs solutions, dont aucune ne le satisfaisait, il conclut qu'il n'avait rien à faire que ce qu'on fait quand on a rien d'autre à faire, c'est-à-dire rien, et, dans le cas présent, prolonger une situation, après tout possible.

Il engagea donc la dame de La Tour à demeurer au séminaire jusqu'à ce qu'elle eût des nouvelles de son mari et lui promit qu'il la laisserait le rejoindre. Mais au fond il n'en avait pas le désir et moins encore l'intention. Elle, non plus.

D'ailleurs il l'assura qu'elle pouvait se considérer comme libre d'aller et venir et se promener où elle voudrait. Il lui demanda seulement de ne pas entrer dans le Fort et de lui donner sa parole de

Commandante qu'elle ne chercherait pas à correspondre avec son mari, par le moyen des Indiens ou des coureurs des bois qui vaguaient autour de Port-Royal. Elle s'y engagea d'autant plus facilement qu'elle n'en avait aucune envie.

Cependant, quand il venait au séminaire, il n'entrait jamais dans sa chambre ; mais à présent qu'elle pouvait sortir et aller se promener sur la grève ou le long de la rivière, il la rencontrait souvent.

Elle en était émue, mais habituée par la scène à maîtriser sa voix et ses façons d'être, elle affectait de lui parler sur un ton détaché d'amabilité mondaine, comme si rien de particulier ne s'était passé entre eux.

Lui, plus abrupt, ne parvenait pas à cacher son trouble. Quelquefois trop brusque, presque brutal, tel un capitaine victorieux avec sa captive, d'autres fois trop doux, presque humble comme s'il avait peur d'elle, jamais il n'était en pleine possession de lui-même. Elle, le voyait ou du moins le ressentait clairement, et elle en était heureuse. Cependant, elle ne s'amusait pas à l'affoler par des jeux de coquetterie, parce qu'elle l'aimait autant qu'elle l'avait haï.

Saccagé par la passion, il ne dormait plus, enfiévré

de désirs, tourmenté dans sa conscience chrétienne. Quelquefois il voulait la chasser de Port-Royal, pour ne plus la voir. Mais il n'en avait ni le prétexte ni le courage,

Au mois de juillet, il arriva ce qui devait arriver. L'été de cette année-là, le 1645e de l'ère chrétienne fut particulièrement orageux, ce qui constitue le pire état atmosphérique pour les personnes atteintes du mal d'amour. Elles en éprouvent les effets exaspérés par l'électricité de l'atmosphère.

Dans l'après-midi d'une lourde journée, d'Aunay revenant de chez un de ses fermiers rencontra Marie de La Tour à l'entrée de la forêt moutonnante sur les pentes des collines qui dominent le Port-Royal. Elle était assise sur la mousse, au pied d'un cèdre, et s'amusait à regarder deux écureuils qui se poursuivaient au bout des hautes branches.

En la voyant d'Aunay la salua et lui demanda la permission de se reposer auprès d'elle. Elle lui donna cette autorisation et le cœur lui battait à grands coups. Lui aussi se sentait singulièrement anxieux, comme dans l'attente d'un événement extraordinaire, heureux ou désastreux. Tous les deux se mirent à parler à bâtons rompus de n'importe quoi, loin de ce qu'ils disaient, très loin, si loin qu'ils ne savaient pas où.

Cependant le ciel s'était couvert et, sous l'orage menaçant, l'ombre du cèdre devenait de l'obscurité. Tout d'un coup un éclair l'illumina. Dans un fracas sec et violent, la foudre tomba sur le vieil arbre qui craqua et se fendit.

Marie de La Tour, terrifiée, cherchant une protection, se jeta sur la poitrine de d'Aunay...

*　*　*

Jusqu'à l'automne, ils goûtèrent le bonheur dans le crime. La vraie passion ne connaît pas le remords ; mais si Marie de La Tour n'en éprouvait aucun, d'Aunay était durement tourmenté par ses scrupules religieux. Il n'osait pas se confesser au Père Ignace en qui il n'avait peut-être pas une confiance absolue. Et le jour de la Saint-Louis, fête du Roy, étant obligé de communier à la messe, il commit le péché mortel de recevoir l'absolution sans avoir déclaré au confessionnal sa principale faute.

Le changement manifeste de ses manières ne tarda pas d'éveiller l'attention du père Ignace qui bientôt confirma ses soupçons par plusieurs observations qu'il fit. Il crut alors qu'il était de son devoir de prévenir Mme de Brice afin qu'elle ouvrît les yeux de la dame d'Aunay et l'engageât à essayer de retenir son mari sur la pente fatale.

D'ailleurs, comme tous les gens qui s'aiment au point de ne plus connaître au monde que leur amour, d'Aunay et la dame de La Tour ne prenaient pas la peine de cacher leur bonheur. Ils se rencontraient dans les bois ou dans une ferme appartenant au capitaine La Verdure qui avait tant à se faire pardonner que d'Aunay se croyait sûr de sa discrétion. Mais les jeunes Indiennes qui étaient ses bonnes amies n'avaient pas les mêmes raisons que lui pour s'abstenir de conter ce qu'elles avaient vu.

Le résultat fut qu'avant la fin de l'été l'existence de d'Aunay au Port-Royal devint intolérable. Sa femme qui n'osait lui faire des reproches, tant elle avait peur de lui, pleurait toute la journée. Le Père Ignace ne lui parlait qu'en soupirant et à table Mme de Brice, les lèvres pincées, le regardait comme un réprouvé.

Exaspéré par ces difficultés, son amour pour sa maîtresse allait maintenant jusqu'à la folie. Il pensait (si on peut appliquer ce mot à un tel état de démence) à partir avec elle pour Paris en laissant ses enfants et sa femme à Dieu et le Port-Royal au capitaine La Verdure.

* * *

Ce fut alors que le Père Jogues, le célèbre Jésuite, arriva au Port-Royal. Il venait de Québec et allait faire une visite à la mission des Jésuites de Saint-Charles, au Cap Sable.

Autour de lui rayonnait l'auréole du martyre. Ce lettré, professeur de rhétorique au collège des Jésuites de Dijon, envoyé par ses supérieurs à la mission de Québec pour convertir au christianisme les Indiens Iroquois, s'était aventuré dans leur territoire et, pris par eux, avait subi les plus affreuses tortures. Pendant un an, il avait été leur esclave et leur jouet, bafoué et martyrisé de cent façons plus atroces les unes que les autres. Ses doigts avaient été rongés et brûlés. Son pauvre corps, sur lequel les enfants Iroquois s'amusaient à appliquer des tisons enflammés, n'était que cicatrices. On lui avait arraché les dents, coupé un morceau de la langue. Au bout d'un an de tortures et d'endurance surhumaine, des

colons hollandais, installés dans l'établissement de
« New-Orange » voisin du pays des Iroquois, avaient
appris son martyre, s'étaient émus et l'avaient
racheté à ses bourreaux. Il était venu en France
précédé par le récit de ses souffrances, conté dans
les Relations des Jésuites. Marie de Médicis avait
voulu le voir et baiser ses mains estropiées. Dès qu'il
eut retrouvé assez de force, il avait voulu retourner
au Canada, et se préparait à une nouvelle mission
chez les Iroquois où cette fois il devait périr.

Petit, mince, d'apparence presque débile, il dissi-
mulait son énergie sous une douceur féminine.

Comment il fut reçu à Port-Royal, on peut
facilement se l'imaginer. Sur son passage ce n'étaient
qu'agenouillements.

Le jour qui suivit son arrivée, le Père Ignace lui
conta le malheur qui s'abattait sur la maison et le
supplia d'intervenir pour la sauver. Lui seul pouvait
ramener dans la bonne voie, un homme égaré qui
cependant avait de la foi et le sentiment de son devoir.

Habitué au maniement des âmes, le Père Jogues se
garda bien d'attaquer de front son œuvre de salut.
Au lieu de parler à d'Aunay de la dame de La
Tour, il eut d'abord l'air de n'en rien connaître.
Il ne lui dit pas non plus de ces vaines paroles onc-

tueuses ou menaçantes qui n'ont pas d'autre résultat que d'ennuyer ou d'irriter. Seulement il lui rappela l'œuvre qu'il avait déjà accomplie en Acadie pour la « Croix et les Lys » et ce qui lui restait encore à faire. Alors d'Aunay, de lui-même, lui avoua sa faute et il put lui dire les mots efficaces.

Ensuite, le Père Jogues voulut voir la dame de La Tour. Il passa plusieurs heures avec elle dans sa petite chambre du séminaire. Elle commença par se révolter de cette intrusion dans sa vie, refusa de l'écouter, voulut faire venir son amant et lui demander devant le missionnaire s'il avait vraiment le désir de la quitter. Mais peu à peu la grâce divine qui s'exhalait des lèvres du saint fit son œuvre miraculeuse. Le Père Jogues vint encore la voir le lendemain. Et le surlendemain, elle était résolue à s'embarquer avec lui pour Québec et s'enfermer au couvent des Ursulines, afin d'y attendre que son mari vînt la chercher.

Le vaisseau qui avait amené le Père Jogues appareilla le septième jour d'octobre, au matin. Dès le lever du soleil, Marie de La Tour accompagnée par une petite Indienne qui portait ses bagages s'était embarquée, secrètement. A dix heures le Père Jogues sortit du Fort et sur son passage toute la colonie agenouillée attendait sa bénédiction. Pour ne pas rencontrer sa maîtresse, d'Aunay n'accompagna pas son hôte jusque sur le navire et se contenta de recevoir sa bénédiction au moment où il montait dans la chaloupe qui devait le porter à bord.

Après le départ de Marie de La Tour, d'Aunay tomba dans une profonde mélancolie. Il s'occupait de ses affaires comme jadis, avec la même application énergique et souvent tyrannique, mais son âme était à Québec. Il errait dans le Port-Royal comme dans un désert. Il y a des amours que l'absence guérit et d'autres qu'il exalte jusqu'à la mort...

Chapitre X

LE ROYAUME DE DIEU

En 1609, Champlain avait planté une croix sur le rocher de Québec, qui domine les eaux bouillonnantes du fleuve Saint-Laurent. Quelques années après il y revint avec une cinquantaine de colons, gentilshommes artisans et mercantis qui construisirent un fort, une église et un magasin pour la compagnie des Cent Associés à laquelle le cardinal de Richelieu avait donné le monopole du trafic des fourrures.

L'année suivante, les missionnaires Jésuites s'implantèrent d'abord à Sillery, sur le bord du fleuve Saint-Laurent, dans une pauvre maison de bois, et bientôt firent construire dans la citadelle, en face de l'église Notre-Dame de la Recouvrance, le premier édifice de pierre qui existât à Québec.

Ce devait être un collège pour les enfants de la colonie naissante. Mais les colons manquaient encore, et le collège servit à recevoir les Indiens catéchumènes.

Hors ces constructions, Québec vingt ans après sa fondation se composait d'une cinquantaine de maisons de bois, où végétaient moins de trois cents colons.

La vie n'y était pas engageante. La dureté du climat, les attaques incessantes des Iroquois constituaient les moindres inconvénients.

Il y avait deux puissances à Québec : la Compagnie des Cent Associés et la Mission des Jésuites.

Les « mercantis » tenaient la colonie par le pouvoir de l'argent. Les terres, mal cultivées par des colons qui étaient pour la plupart des aventuriers que l'agriculture rebutait, ne donnaient que de maigres résultats. Les habitants ne vivaient que par le commerce des fourrures : les uns chasseurs, les autres cabaretiers, marchands d'eau-de-vie, à l'usage des chasseurs et des agents de la Compagnie. Celle-ci les décourageait encore par des taxations, restrictions et vexations de toutes sortes. En fait elle n'avait aucun intérêt à ce que la colonie se développât. Au contraire, elle redoutait qu'avec le nombre d'habitants, s'augmentât celui des chasseurs qui tuaient les castors et les vendaient pour leur propre compte, à des prix inférieurs aux prix taxés.

Ces mercantis considéraient le Canada comme

une chasse gardée, et les colons comme des bra-
conniers. Ils préféraient de beaucoup aux Français
les Indiens avec lesquels ils troquaient les fourrures
contre des marchandises, en réalisant d'énormes
bénéfices.

Ce fut une des amertumes de la vie du bon Champlain. Il s'indignait contre ces hommes sans cœur,
sans patrie, sans religion, qui ne connaissaient rien
d'autre que l'argent. Montmagny, le second gouverneur de Québec, après Champlain, souffrit des
mêmes amertumes. Pour ne pas voir le mal auquel
il ne pouvait remédier, il s'aveuglait dans la dévotion
et se donnait corps et âme au parti des Jésuites.

Ceux-ci constituaient l'autre puissance maîtresse
du Canada. Plus haute, elle était aussi funeste à la
colonisation, parce que pour tuer le péché, elle
tuait toutes les initiatives.

A Boston, l'autorité religieuse était aussi despotique, sinon plus. Mais le caractère des Anglo-
Saxons s'en accommodait mieux ou plutôt lui faisait
sa part. L'âme était à Dieu, et l'esprit aux affaires.
Il y avait dans la semaine un jour pour les offices
et les six autres pour le travail. Dans le domaine
des affaires, le Bostonais ne dépendait que de lui
et gardait sa responsabilité entière.

Sur des caractères français, l'emprise religieuse
est plus dangereuse. Elle veut tout ou rien. Elle
prend l'homme complètement, le pétrit à sa guise,
ou bien il lui échappe entièrement. A Québec, la
plupart des colons en étaient annihilés, et ceux qui
voulaient échapper au joug s'enfuyaient dans la
forêt, devenaient ces coureurs de bois plus qu'à
demi-sauvages qui parcoururent l'Amérique du
Canada jusqu'en Louisiane, autant par besoin d'indépendance que par goût des aventures.

Aussi, tandis que la Nouvelle-Angleterre florissait,
le Canada demeurait-il un entrepôt de fourrures et
le royaume de Dieu.

Mais le royaume de Dieu était magnifique.

« Quel bonheur, s'écrie un missionnaire, de ne
voir ici que des croix et Jésus-Christ! » Rien n'est
plus émouvant que l'histoire religieuse de la Nouvelle-France pendant le XVIIe siècle. Les Relations
que les Jésuites publiaient chaque année de leurs
missions dans les tribus sauvages égalent en grandeur
les plus beaux livres de l'Humanité.

Encore faut-il se demander si le résultat de leurs
peines et de leurs martyres fut un bienfait pour
la colonie?

Les peuplades sauvages qui habitaient le Canada

se composaient principalement de Hurons, d'Algonquins et d'Iroquois. Ces peuples étaient tous nomades et batailleurs, mais les Iroquois avaient une organisation guerrière qui faisait d'eux les Prussiens de l'Amérique du Nord. Tandis que les Hurons et les Algonquins d'un naturel plus doux, plus sociable, moins xénophobe, se laissaient facilement convertir au christianisme, les Iroquois s'y refusaient farouchement, tuant et martyrisant les missionnaires qui s'obstinaient à venir chez eux, pour leur prêcher une religion dont ils ne voulaient pas, par un sûr instinct de conservation.

Il arriva en effet que le Christianisme, en adoucissant trop les Hurons et les Algonquins, leur enleva la vigueur nécessaire pour combattre leurs féroces voisins, et qu'en dix ans ces peuples, christianisés et dévigorés, furent anéantis par les Iroquois.

« Quand je parcours la rivière Ottawa, écrit le
« Père Lallemand, et que je vois partout des villages
« ruinés et abandonnés et la solitude où rôdent
« quelques êtres maigres et faméliques, au lieu où
« la vie joyeuse que j'avais vue il y a vingt ans, des
« chants et des danses, je ne puis m'empêcher d'avoir
« le cœur étreint par un grand sentiment de tristesse.

« Mais je me console en pensant que tous ces
« pauvres gens ont gagné au change, puisqu'ils ont
« échappé au Démon pour se réfugier dans le sein
« de Dieu. »

Il n'est pas absolument certain que les derniers
Hurons mourant de faim dans leurs villages brûlés
et obligés de s'enfuir dans les forêts, fussent de
l'avis du Père Lallemand.

En tout cas, dès lors, les Iroquois, enivrés par
leur victoire, se croyant maîtres du Canada, s'éver-
tuèrent à chasser les Français du territoire de leurs
ancêtres. Pendant de nombreuses années, leurs
incursions arrêtèrent le développement de la
colonie.

Malgré tout, l'admiration s'impose. Les Pères de
Brébœuf, Lallemand, Jogues, Le Caron, Ragueneau,
Chaumonot, Daniel demeurent inscrits au Livre
d'Or de l'Humanité. Et, l'exemple magnifique de
leur abnégation et de leur héroïsme ne fut pas
perdu. La grandeur morale est une force agissante
comme la grandeur matérielle, et peut-être plus
encore parce que son action est plus secrète.
L'Humanité ne vit pas que pour l'argent. Elle
estplus sentimentale qu'elle ne le croit elle-
même.

* * *

Dans les Missions des Jésuites fleurissait le Lys rouge du martyre. La Rose mystique s'épanouissait tout près, à la Mission des Ursulines.

En 1624, habitait à Alençon, dans le château de son père, M. de Vaubougon, une jeune femme, veuve à 22 ans d'un officier tué au siège de La Rochelle, qui s'appelait M. de la Peltrie. Jeanne de la Peltrie était une personne pieuse, mais qui cependant vivait dans le siècle, et en goûtait les plaisirs, lorsque parurent les premières Relations des Jésuites.

Dès lors, la Nouvelle-France commença de hanter les imaginations mystiques, très nombreuses à cette époque, peut-être la plus religieuse de l'histoire de France. La mode s'en engoua bientôt. Dans les salons, comme dans les couvents et les séminaires, on ne parlait plus que du Canada. Les plus grandes dames, la duchesse d'Aiguillon, la princesse de Condé, etc., adoptaient des petites filles sauvages qui étaient baptisées sous leur marrainage, les faisaient venir à Paris, et les promenaient dans leur carrosse.

Mme de la Peltrie avait pour confesseur, directeur de conscience, un célèbre prédicateur oratorien, le Père Condren, qui passait dans le Paris dévot pour l'« arbitre des vocations extraordinaires ». Il était le Directeur de la Confrérie du Saint-Sacrement, puissante association, constituée pour la propagation de la Foi... et quelques buts financiers moins avoués, par le duc de Ventadour et d'autres grands personnages, adonnés à la haute dévotion. Le Canada était leur principal champ de pieuse culture. Ils y envoyaient de l'argent, des ravitaillements et surtout des missionnaires.

Le Père Condren avait naturellement la plus grande influence sur l'imagination ardente de la jeune veuve. Il n'eut aucune peine à la décider de faire ce dont elle brûlait d'envie, par un sentiment religieux, et un peu aussi pour le plaisir d'étonner ses amis, c'est-à-dire de mettre sa fortune et sa personne au service des Missions catholiques de la Nouvelle-France.

Mais il y avait à ce beau projet un grand obstacle.

Son père, M. de Vaubougon l'aimait tendrement. Il aurait certainement le plus grand chagrin de son départ pour le Canada et il pouvait s'y opposer en ne lui donnant pas la part qui lui revenait de l'héritage de sa mère, grâce à des chinoiseries juridiques, dans lesquelles il serait fastidieux d'entrer. Son feu mari avait peu de fortune, et ce peu-là, il l'avait dilapidé parce qu'il était homme de plaisir.

M. de Vaubougon opposa, en effet, au départ de sa fille un *veto* péremptoire et ainsi elle se trouva arrêtée à la fois par ses sentiments filiaux et par son impécuniosité. Le Père Condren consulté, ému de son grand chagrin, l'aida à résoudre cette difficulté d'une façon inattendue et singulière. M. de Vaubougon voulait qu'elle se remariât afin de se fixer près de lui. A ce prix, il promettait de lui donner en dot tout l'argent qui lui revenait. Dès lors, afin de contenter son père sans aliéner sa liberté, pourquoi ne contracterait-elle pas un mariage blanc ou du moins une feinte de mariage avec un homme de bonne volonté qui lui prêterait son nom et ne lui demanderait rien en échange. Ce moyen a été utilisé dans plusieurs comédies, mais il n'avait pas encore été employé dans un but aussi édifiant.

Mme de la Peltrie le jugea fort ingénieux. Mais restait à trouver l'homme de bonne volonté, tel que M. de Vaubougon pût l'accueillir comme· le mari de sa fille, sans qu'il en réclâmat les droits.

Le Père Condren le connaissait.

C'était un grand dévot qui dirigeait en province une filiale de la Confrérie du Saint-Sacrement. Il s'appelait M. de Louvigny de Bernières et il exerçait à Caen la fonction officielle et grassement rétribuée de Trésorier de France. Mais il ne donnait à cet emploi que l'inférieur de lui-même ; toute son âme était à Dieu. Auteur d'un livre d'entraînement mystique, intitulé le *Chrétien Intérieur*, que les religieux lisent encore, M. de Bernières n'était pas seulement un ascète contemplatif, un homme d'oraison, mais encore un homme d'œuvres. Il employait sa fortune patrimoniale et les émoluments de sa Trésorerie à fonder des hôpitaux et des couvents. Son œuvre préférée était une maison de retraite, sorte d'académie de piété, connue dans l'histoire de Caen sous le nom de l'Ermitage. Là se groupaient des hommes de haute dévotion qui voulaient chercher Dieu dans la retraite et le silence hors des agitations humaines. Leur idéal, qui était l'anéantissement, pour attendre la grâce divine, rappelle de très près le quiétisme de Mme Guyon.

La lettre du Père Condren demandant à M. de Bernières de se prêter à la comédie du mariage avec Mme de la Peltrie vint trouver le saint homme dans ce cuveau de fermentation mystique. Il en fut d'abord abasourdi. Et puis, il songea que Dieu l'appelait et qu'il devait se rendre à son appel. Qu'était-ce que sacrifier un peu de son repos et même de sa vie intérieure pour aider à la conversion de milliers d'âmes infidèles ?

M. de Bernières vint à Alençon et vit Mme de la Peltrie. Quelle fut son impression? Comment la trouva-t-il? Jolie ou laide? Il est probable qu'il la regarda si peu qu'il n'aurait pas su le dire. Il ne voyait en elle que l'élue de Dieu pour accomplr ses desseins, dont il était l'humble moyen. Il se prêta donc avec la meilleure volonté du monde à toutes les super-cheries nécessaires pour abuser M. de Vaubougon qui, d'ailleurs, mourut bientôt. Les parents qui sur-veillaient l'héritage furent plus méfiants. Il fallut leur donner, pour les assurer de ce mariage dont ils soupçonnaient la fausseté, une preuve, caracté-ristique des mœurs du temps. Mme de la Peltrie, étant tombée malade, les fit entrer dans la chambre conjugale. M. de Bernières avait son lit dressé jouxtant le sien et son effigie en cire était pendue aux rideaux du lit de sa femme, ce qui signifiait qu'il avait accompli tous les devoirs d'un époux.

Cependant, ses âpres parents voulurent encore la faire arrêter et interner comme folle. Elle dut se cacher, sortir dans les rues de Paris déguisée en servante, et soutenir un procès coûteux devant le Parlement de Caen. Dans toutes ces circonstances, M. de Bernières l'aida efficacement. Elle avait d'ailleurs pour lui la plus tendre affection, et l'appelait « son ange gardien visible ». Tous les deux partirent ensemble pour Tours où ils pensaient recruter au couvent des Ursulines des religieuses enflammées d'aller au Canada et capables d'y être utiles.

Mme de la Peltrie fut reçue au couvent avec des démonstrations d'enthousiasme et d'admiration qui ne la laissèrent pas insensible. On l'appelait Madame la Fondatrice. Quand elle entra dans la chapelle, les cloches sonnantes, les religieuses chantaient le *Veni Creator*, agenouillées sur son passage.

M. de Bernières, plus pratique, s'occupait d'organiser la mission. Le saint homme, « qui avait le don de discernement des esprits », interrogeait les religieuses, choisissait celles qu'il pensait capables de seconder Madame la Fondatrice et au besoin d'aider à la Mission en y employant leur dot.

La première élue fut la Mère Marie de l'Incarnation. Celle-ci était la veuve d'un marchand de vins de Tours nommé Martin qui l'avait laissée sans fortune, avec un petit garçon de neuf ans. Après la mort de son mari, elle était entrée comme gérante dans la maison de son beau-frère, riche commissionnaire en marchandises. Vigoureuse, presque masculine, d'esprit net et pratique, elle tenait son emploi avec énergie et intelligence. Mais en même temps que la commerçante, il y avait en elle une autre femme, mystique visionnaire. Faut-il prononcer le vilain mot moderne d'hystérie? Comment expliquer autrement ces élans furieux d'amour divin qui la saisissaient quelquefois au milieu de son ouvrage?

« J'étais tout d'un coup saisie d'un transport
« extraordinaire, en sorte qu'il me semblait être en
« Paradis et jouir de Dieu qui m'enivrait de ses
« faveurs. Mais que ces extases étaient courtes!
« Aussi ces grandes caresses ne servaient qu'à me
« rendre ma peine plus sensible, car je passais
« d'un abîme de lumière et d'amour dans un abîme
« de ténèbres douloureuses sans que j'en connusse
« la cause.

« O mon amour, cent fois mon amour, mille
« fois mon amour, infinité de fois mon amour, et
« toujours mon très chaste et suradorable amour!

« O mon adorable époux, ne guérissez jamais les
« plaies que vous avez faites dans mon cœur, mais
« plutôt renforcez cet heureux martyre par le regard
« de vos yeux. Mon cher amour, que vos impressions
« sont charmantes quoique crucifiantes ! Vos desseins
« adorables sur les âmes que vous aimez sont de
« les faire mourir et remourir sans cesse.

« O amour, amour, Vous êtes Tout et je ne suis
« Rien, mais il suffit que le Tout aime le Rien et
« que le Rien adore le Tout. »

Peu à peu, tandis que Marie Martin surveillait
les charretiers, les emballeurs et faisait des comptes,
l'Amour lui suggérait de quitter le monde et d'entrer au
couvent des Ursulines, pour l'aimer sans distraction.

Pensant à l'enfant qu'elle devait abandonner, elle
lutta quelques années contre la douce suggestion.

« Hélas, mon Amour, ôtez-moi s'il vous plaît,
« cette pensée. J'ai un fils de qui il faut que je
« prenne soin. Amour, le voulez-vous ? Eh ! dites,
« Amour, le voulez-vous ? »

L'Amour le voulut.

Le 25 janvier 1634, en tête d'un cortège que son
fils Claude suivait, pleurant à chaudes larmes, elle
entra au couvent pour y faire profession. Là, elle
put aimer l'Amour sans être déprimée par les

basses réalités d'une maison de commission et exportation. Mais son pauvre petit Claude ne se consolait pas. Plus tard, quand il fut lui-même entré en religion sous le nom de Dom Claude Martin, elle lui rappelait :

« Souvent, je vous voyais venir pleurer dans notre
« parloir et à la grille de notre chœur, vous passiez
« une partie de votre corps par le guichet de la
« communion. Un jour, voyant la grande porte
« conventuelle ouverte, vous entrâtes dans notre
« cour et vous vous en alliez à reculons afin de
« pouvoir découvrir si vous me pourriez voir.
« Quelques-unes des sœurs novices pleuraient et me
« disaient que j'étais bien cruelle de ne pas pleurer
« et que je ne vous regardais seulement pas. Mais
« le grand coup fut lorsqu'une troupe de jeunes
« enfants de votre âge vint avec vous sous les fenêtres
« de notre réfectoire disant avec des cris qu'on me
« rendît à vous, et votre voix était distincte des
« autres, criant qu'on vous rendît votre mère, que
« vous la vouliez avoir. Lorsque je remontai au
« noviciat, l'esprit de Dieu me dit au cœur que je
« ne m'affligeasse point de tout cela et qu'Il prendrait
« soin de vous. »

Un soir de Noël, Marie de l'Incarnation rêva

qu'« une grande dame qui lui était inconnue la prenait par les mains et l'entraînait à travers les mers, dans l'impétuosité de son esprit vers un pays lointain, perdu dans le brouillard ».

Ensuite elle entendit la Sainte Vierge causer avec Saint Joseph. Ils parlaient d'elle et de la dame inconnue, bien qu'elle ne se rappelât pas très bien ce qu'ils disaient. Elle conta son rêve à son confesseur qui lui dit que le pays qu'elle avait vu pouvait bien être le Canada dont elle n'avait du reste aucune notion. Quelques jours après, tandis qu'elle priait dans la chapelle, elle entendit le Christ lui dire : « Ma Fille, c'est le Canada que je t'ai fait voir. Il faut que tu ailles y élever une maison à Jésus et à Marie. » Dès lors, elle ne vécut plus que pour aller au Canada. Cependant, elle s'inquiétait encore d'abandonner son petit Claude que sa tante avait adopté, sans le rendre heureux.

Sitôt que Mme de la Peltrie entra dans le Couvent, elle reconnut la grande dame qui lui était apparue en rêve deux ans auparavant et cette claire indication de la volonté de Dieu leva ses derniers scrupules maternels. Inutile de dire qu'elle fut choisie d'emblée par M. de Bernières qui connaissait depuis longtemps sa réputation de sainteté.

Mme de la Peltrie fit encore une autre recrue au couvent des Ursulines : Mlle Troche de la Savonnière, d'une des premières familles d'Angers, en religion Sœur Marie de Saint-Bernard.

Celle-ci n'avait pas encore vingt ans et elle était plus saine d'esprit. Elle n'avait pas de visions ni d'extases, seulement aimait Dieu et la vie monastique. Douce, gaie et tendre, elle était si timide et frêle qu'elle semblait une enfant. Comme toutes ses compagnes, elle rêvait d'aller au Canada, pour convertir et éduquer les petites sauvagesses. Mais elle n'osait pas espérer que M. de Bernières la crût capable d'affronter de tels travaux, et elle ne se présenta même pas devant lui. Ce fut Marie de l'Incarnation, qui, dans une lueur subite, la prit par la main et la conduisit à Madame la Fondatrice. Mme de la Peltrie s'en enticha immédiatement et pria M. de Bernières de la désigner pour accompagner Marie de l'Incarnation.

« L'Ange gardien visible », inlassablement actif malgré la ceinture de crin garnie de clous qu'il portait, afin de se mortifier la chair, partit aussitôt pour le château de la Savonnière, pressé d'obtenir le consentement des parents de la jeune fille. Mme de la Savonnière s'opposa absolument au départ de sa fille. Mais son mari, qui avait· des sentiments religieux plus forts et peut-être aimait moins son enfant, détermina sa femme à offrir à Dieu ce sacrifice.

Radieuses, Marie de Saint-Bernard et Marie de l'Incarnation partirent le lendemain pour Paris dans un grand carrosse avec Mme de la Peltrie, M. de Bernières, un valet et une femme de chambre. Le voyage fut angélique.

« Tous étaient des personnes de raison, jusqu'aux
« serviteurs qui participaient à l'esprit d'humilité et
« de charité de leurs maîtres. Aussi la vie était-elle
» réglée dans le carrosse comme dans un monastère.
« Il y avait un temps destiné pour l'oraison, un autre
« pour la prière commune, un autre pour le silence,
« un autre pour l'entretien, pendant lequel chacun
« faisait part aux autres des lumières que Dieu lui
« avait communiquées dans l'oraison, en sorte que
« l'on eût pu dire de ce carrosse ce que le Prophète
« dit du Chariot de Dieu, qu'il était rempli d'Anges
« visibles sans parler des invisibles qui les accom-
« pagnaient sans doute. »

A Paris, la pieuse compagnie descendit chez M. de Meules, maître d'hôtel du roi, qui avait fait tapisser et meubler pour elle toutes les chambres nécessaires. Dès le lendemain, l'infatigable M. de Bernières courut chez Fouquet, le surintendant des finances, pour obtenir de la Compagnie des Cent Associés le transport gratuit des bagages et des personnes.

Anne d'Autriche voulut connaître Mme de la Peltrie et les deux Ursulines. Elle les fit venir à Saint-Germain-en-Laye, au Château Neuf et leur permit d'embrasser dans son berceau le petit Louis XIV.

Elles s'embarquèrent à Dieppe.

Madame la Fondatrice et les deux religieuses croyaient entrer au Paradis. M. de Bernières manifesta un chagrin inattendu. Après avoir accompagné les passagères jusque sur le navire, au moment de lever l'ancre, il ne voulait plus les quitter ; songeait à les accompagner jusqu'au Canada. S'était-il attaché à Mme de la Peltrie plus qu'il ne l'aurait voulu ?

En partant, il lui fit un petit présent. C'était une croix d'argent, longue de quatre pouces et armée de clous fort pointus afin qu'elle la portât sous sa robe entre ses épaules pour la faire se souvenir de celle que portait Notre-Seigneur en montant au Calvaire.

Et il lui souhaita, pour le salut de son âme, d'être immolée ou brûlée vive par les sauvages.

Après six semaines de traversée, sans incident
notable, les missionnaires arrivèrent à Québec.
Elles furent reçues par le gouverneur, M. de Montmagny, saluées par les canons, les trompettes et
les tambours. En mettant pied à terre, hors de la
chaloupe qui les avait menées de Tadoussac à Québec, Marie de l'Incarnation baisa le sol, et fit un
signe de croix, comme pour en prendre possession
au nom du Christ. Mme de la Peltrie, dans son
enthousiasme, embrassait les petites sauvagesses
« sans prendre garde si elles étaient sales ou non. »
Pour lui faire plaisir, on en baptisa quelques-unes
sur l'heure, devant elle.

La mission s'installa dans un logis que lui prêta
un colon, M. Juchereau du Chatelet. C'était une
pauvre maison de bois, d'un seul étage, composée
de deux chambres, dont l'une servait de réfectoire
et l'autre de dortoir ; les paillasses étaient posées
sur des planches, au-dessus les unes des autres,
comme dans une cabine de navire.

Le travail s'organisa aussitôt. Mme de la Peltrie
s'occupait surtout d'habiller les petites sauvagesses,
« de les peigner et de les éduquer, tout en leur
enseignant le catéchisme. »

Marie de l'Incarnation, délivrée de ses fièvres

mystiques, se retrouvait peu à peu la femme
d'affaires de jadis. Elle était l'économe de la communauté, son intendante, et quelquefois elle pliait
sous la tâche.

« Souvent je me voyais tellement surchargée
« d'affaires, que je ne savais par où commencer.
« Alors je m'adressais à Dieu et je lui disais : Mon
« Amour, il n'y a pas moyen que je fasse tant de
« choses, mais faites-les pour moi. Alors ma confiance
« en lui me rendait toutes choses faciles. »

Marie de Saint-Bernard apportait à la Mission la
grâce ingénue et la gaieté de ses vingt ans.

*   *   *

C'est dans cette sainte ruche que Marie de la
Tour arriva, conduite par le Père Jogues, au mois
de septembre de l'année 1645.

Recommandée par l'illustre Jésuite, elle fut reçue
comme une sœur égarée qui retrouve son gîte.
Cependant, n'ayant pas prononcé de vœux, elle fut
logée avec Mme de la Peltrie dans une petite maison
de bois attenante à celle de la Communauté. Le
confort y était au-dessous du minimum. Il n'y

avait pour meubles qu'une paillasse, une table de bois et une chaise. Les pièces de bois qui formaient les murs étaient si mal jointes qu'on voyait briller les étoiles pendant la nuit et à peine pouvait-on y tenir une chandelle allumée, lorsque le vent soufflait.

Marie de La Tour dépouillée de ses dentelles et de ses bijoux, vêtue d'une vieille robe de velours noir, se consacra surtout à l'éducation des petites sauvagesses huronnes dont elle comprenait un peu le langage, l'Abenaki et le Huron étant deux dialectes de la même souche.

Mme de la Peltrie s'était engouée d'elle, et comme la Fondatrice s'ennuyait parfois à Québec, elle lui parlait de la France et surtout de Paris, cherchant, avec une curiosité mondaine, à lui faire conter sa vie d'autrefois. Mais tout ce passé était si loin d'elle, comme perdu au delà des mers brumeuses! Elle s'était donnée toute entière à sa vie nouvelle. Il n'est rien de tel que de se dévouer aux autres pour s'oublier soi-même. Peu à peu les choses reprennent leur place et l'on s'aperçoit alors que cette place n'était pas si grande qu'on le croyait.

Le Père Jogues, qui venait la voir souvent et continuait à la diriger, s'efforçait de l'empêcher de tomber dans un mysticisme qu'il considérait, en son clair bon sens, aussi dangereux que l'irréligion. Ainsi quand elle voulut aller chez les sauvages pour les évangéliser, en risquant le martyre, il le lui refusa.

Cependant, avec la même ardeur qu'elle mettait autrefois à chercher le plaisir, elle cherchait l'humilité et la souffrance. Un jour, elle fit vœu de jeûner pendant un mois « pour obtenir d'être méprisée par tout le monde ». Elle n'osait plus entrer dans la chapelle tant elle se considérait comme indigne de parler à Dieu. Le souvenir de ses fautes l'accablait, quand elle se comparait aux saintes femmes parmi lesquelles elle vivait, et elle avait peur de les « empuantir » en s'approchant d'elles. Le Père Jogues essayait de la réconforter en lui disant que ceux qui n'avaient pas été tentés n'avaient pas de mérite, et qu'il y avait eu plus de joie au Ciel pour le retour de l'Enfant Prodigue que pour l'arrivée de dix Justes.

Peu à peu, cette grande passionnée s'acheminait vers l'état de sainteté, lorsqu'une violente épidémie de petite vérole se déclara à Québec et dans les villages indiens. Les Indiens terrifiés venaient apporter leurs enfants aux Ursulines. En les soignant, Marie de La Tour prit la contagion. Des complications cérébrales survinrent. Elle délira pendant huit jours et alors Satan parla malignement par sa bouche jusqu'à ce qu'elle reçut l'Extrême-Onction des mains du Père Jogues. Elle mourut dans la sérénité.

Il est impossible de savoir si elle aimait encore Charles d'Aunay, et de quelle sorte d'amour. Elle ne parlait jamais de lui. Peut-être l'avait-elle oublié ? Peut-être aimait-elle le P. Jogues ?

———

CHAPITRE XI

LA ROUE TOURNE...

Pendant ces événements, Charles-Amador de La Tour menait à Boston, une vie difficile.

Après la prise du fort Saint-Jean, sa ruine étant complète, la captivité de sa femme n'était pas ce qui l'affectait le plus. Il se fiait à la magnanimité de d'Aunay, et tout son esprit était occupé par la nécessité de se redresser.

Les Bostoniens qui le jugeaient « fini » lui faisaient grise mine, tellement que le gouverneur Winthrop l'avait engagé à ne pas demeurer dans la ville pour ne pas s'exposer à des affronts. Il avait été recueilli dans l'île de Noddle-Island, par un brave Puritain qui l'avait pris en pitié et le logeait pendant qu'il essayait de retrouver un peu de crédit basé sur deux navires qui lui restaient dans les ports d'Angleterre.

Une nouvelle amertume lui advint. Un beau

matin, arrivèrent dans un vaisseau venu de Port-
Royal, deux envoyés de d'Aunay, le sieur Marie
dit « confident » et un autre nommé le sieur Pierre,
tous deux Capucins déguisés en habits séculiers.
Ils furent reçus avec les plus grands honneurs et
logés chez le major Gibbons, le principal créancier
de La Tour. Le lendemain de leur arrivée, qui
se trouva être un dimanche, le gouverneur ne les
obligea pas à assister aux offices et ils purent célé-
brer la messe dans leur chambre avec les accessoires
qu'ils avaient apportés. Ils passèrent l'après-midi
à se promener dans les allées du jardin.

Le lundi matin, le gouverneur Winthrop vint les
chercher pour les conduire dans la salle du Conseil
des Assistants. Les magistrats se levèrent à leur
arrivée. D'abord le sieur Marie, confident, commu-
niqua au conseil l'arrêt du Conseil du Roy qui
flétrissait le sieur de la Tour, ce dont ils furent
grandement indignés, reconnaissant qu'ils avaient
obligé un fourbe qui les avait dupés. Le sieur Marie
exposa ensuite le but de sa mission qui était de se
plaindre des dommages que les vaisseaux bostoniens
avaient causés au Port-Royal et de demander une
réparation.

Comme le Conseil des Assistants se retranchait

dans des arguties interminables, le sieur Marie, confident, prit une attitude plus menaçante et lut une lettre de son maître qui mettant les choses au point, posait une espèce d'ultimatum.

« ...La vérité est que vous pensiez m'accabler par
« surprise, sans justice ni honneur, mais, soyez-en
« persuadés, si vous étiez venus à bout de vos
« desseins, vous auriez eu affaire à un roi qui ne
« vous aurait pas laissé profiter en paix de votre
« proie. Il peut m'arriver de mourir, mais les rois
« de France ne meurent pas, et leurs bras sont
« toujours assez longs pour garantir les biens et les
« droits de leurs sujets, en quelque lieu qu'ils soient
« placés. »

Les Bostoniens comprirent que la question prenait une tournure sévère, et, s'étant concertés, demandèrent au sieur Marie quel dédommagement voulait son maître.

Le sieur Marie, confident, répondit qu'il l'estimait à dix mille livres. Ils se récrièrent sur l'énormité de la somme, prirent le Ciel à témoin. Le sieur Marie, qui avait des instructions de son maître, désireux de se ménager au besoin l'alliance des Bostoniens, céda en déclarant se contenter d'une réparation d'honneur et d'un gage de repentance

Les rapides de la rivière Saint-Jean

qu'il laissait au Conseil des Assistants le soin de
fixer.

Le lendemain, le gouverneur Winthrop lui offrit
de la part du Conseil, une belle chaise à porteurs,
« dorée et ornée de peintures », destinée au vice-roi
du Mexique. Elle avait fait partie du butin pris
sur un vaisseau espagnol capturé, et parait maintenant le salon du gouverneur.

Le sieur Marie, confident, l'accepta, sans perce-
voir, apparemment, l'humour qui y était inclus.
Cependant, il exigea que la chaise à porteurs fût
accompagnée d'un traité de paix conclu pour dix
ans entre la colonie du Massachusetts et Port-
Royal. Le Conseil l'accepta avec empressement, trop
heureux d'en être quitte à si bon compte : une
chaise à porteurs et un chiffon de papier !

Le lendemain les sieurs Marie et Pierre s'embarquèrent avec la chaise à porteurs et tout un charge-
ment de pâtisserie et de liqueurs que les Bostoniens
leur offraient gracieusement par-dessus le marché.

Les canons du fort s'apprêtaient à saluer leur
navire lorsqu'il s'éleva une petite difficulté. Comme
le capitaine arborait le pavillon de France, fleurde-
lisé, le major Gibbons, qui était venu à bord pour
saluer ses hôtes, leur fit amicalement remarquer

que la législation du Massachusetts défendait aux navires étrangers d'arborer dans le port de Boston le pavillon de leur nationalité. Les fleurs de lys furent donc abattues. Au départ du navire les canons tonnèrent comme ils avaient tonné l'année précédente au départ du sieur de La Tour et de sa femme.

* * *

Charles Amador était resté caché dans son île pendant que dura le séjour à Boston des envoyés de d'Aunay. Après leur départ, il en sortit, sans tambours ni trompettes, Heureusement pour lui un événement survint, qui occupa les Bostoniens et les détourna de lui manifester leur aigreur.

Une bourgeoise de la ville avait été accusée de sorcellerie par une petite fille hystérique qui simulait des crises nerveuses chaque fois que la « good wife » s'approchait d'elle. Il fut prouvé que la sorcière avait plusieurs fois prédit, sans se tromper, le temps qu'il ferait le lendemain et qu'un jour de grande pluie, étant sortie, elle était rentrée chez elle avec un manteau tout à fait sec. C'était plus que suffisant pour établir qu'elle avait des accointances avec Satan. A l'unanimité des juges, elle avait été condamnée à être pendue. Le jour de son exécution, il survint une grande tempête que le gouverneur Winthrop interpréta comme une approbation du Ciel.

Bientôt après, Charles Amador commença le redressement qu'il devait accomplir avec un succès si prod'gieux que les historiens ne s'accordent pas encore pour l'expliquer.

On a beaucoup écrit sur les deux rivaux Acadiens. MM. Garnier, Rameau, Moreau et Lauvrière ont pris ardemment parti, dans la question, pour d'Aunay contre de La Tour. M. l'abbé Couillard-Desprez, érudit canadien issu d'une des plus anciennes familles du terroir, est venu à son secours. En rétablissant des textes incomplètement cités ou mal interprétés, et s'aidant des traditions locales, il a pu prouver que de La Tour n'était pas l'aventurier, traître à Dieu et au Roy, que ses prédécesseurs avaient flétri, tandis que d'Aunay ne personnifiait pas entièrement le gentilhomme sans peur ni reproche, le Bayard Acadien. Si de La Tour était très opportuniste parce qu'il voulait vivre et que la vie était quelquefois difficile, d'Aunay tyrannique, violent, into'érant, avait aussi bien des torts.

En tous cas, de La Tour possédait certainement le don de séduire et d'inspirer confiance. Sinon, après tous ses désastres, comment aurait-il obtenu précisément de son créancier Gibbons, et d'un autre marchand bostonien nommé Hawthorne, un « flibot » de 60 tonneaux, avec cinq matelots anglais, au prix de cinq cents livres par mois, sur lesquelles il ne pouvait donner que de vagues garanties.

Son but avoué était d'aller sur les côtes de Floride et du Mexique faire le commerce des épices et sans doute la traite des esclaves. Mais, secrètement, il avait l'intention de retourner en Acadie pour avoir des nouvelles de sa femme et de ses affaires. Or il arriva que six semaines après le départ de la *Myriam,* quatre des matelots anglais revinrent à Boston, harassés, affamés, prétendant que de La Tour les avait débarqués de force sur une côte déserte après avoir tué leur cinquième compagnon qui lui résistait et qu'il avait continué, avec la *Myriam* et deux matelots français qu'il avait recrutés en Virginie, sa route vers le Canada, au lieu de descendre sur la Floride comme il s'y était engagé.

Les Bostoniens s'indignèrent. Winthrop s'écria en levant les bras au Ciel « qu'il en était toujours ainsi lorsqu'on se confiait à un homme infidèle et attaché à la chair ».

Mais les matelots avaient-ils dit la vérité ou du moins toute la vérité? Ne s'étaient-ils pas mutinés, en voyant qu'au lieu de descendre au sud, de La Tour leur faisait mettre le cap sur le Nord? S'il avait voulu se débarrasser d'eux, il semble qu'il aurait pu les faire tuer, la vie humaine n'étant pas plus précieuse alors que de nos jours. En les laissant revenir à Boston, il risquait de s'aliéner pour toujours les puritains dont il pouvait encore avoir besoin.

Après cela, on perd la trace du sieur de La Tour. Il est problable qu'il s'arrêta quelque temps chez son voisin et ami, Nicolas Denys, pour apprendre les nouvelles d'Acadie et peut-être lui emprunter quelque somme d'argent. Deux mois après, il apparaît à Québec. Le Père Lallemand écrit dans la Relation des Jésuites pour l'année 1646:

« Le 8 août 1646, sur le soir, parut le flibot de « M. de La Tour qui venait se réfugier ici. On tira « à l'arrivée du dit sieur de La Tour et à sa descente, « il fut logé au Fort. Le gouverneur le premier jour « lui donna le devant (c'est-à-dire le pas). Il l'accepta « pour le premier jour et le refusa ensuite comme « il devait. »

Etait-ce le fait d'un homme déshonoré d'être reçu avec tant d'honneurs? M. de Montmagny, le gouverneur de Québec, qui tenait si fort à l'étiquette qu'il se brouilla avec M. de Maisonneuve, le gouverneur de Montréal, pour quelques coups de canon indûment tirés, l'aurait-il ainsi accueilli s'il avait eu la réputation d'un traître et d'un forban?

M. de Montmagny lui donna l'hospitalité pendant quatre ans jusqu'au mois d'octobre de l'année 1650.

« Aux fêtes de Pâques, M. de La Tour s'en « alla en chaloupe pour faire la guerre à l'Iroquois. « Le 11 juin, à la procession de la Fête-Dieu, il « portait le dais avec le gouverneur M. de Chauvigny, « M. Bourdon et Jean-Baptiste le sauvage. »

Sans doute la mort édifiante de sa femme le servait-elle beaucoup. Il en rejaillissait sur lui de la considération et de la sympathie. On trouvait aussi que d'Aunay avait manqué au code de la gentilhommerie en attaquant le Fort-Saint-Jean pendant l'absence de son rival, et l'on admirait de La Tour, pour avoir été l'époux d'une femme héroïque. D'ailleurs il éprouvait de sa perte un véritable chagrin que toutefois il exagérait, afin de se rendre plus intéressant.

* * *

Suivant le rythme de la vie le sort après lui avoir été contraire, jouait maintenant pour lui. Au mois de mai 1650, survint un de ces événements brutaux, stupides, imprévus, du moins pour les faibles connaissances des hommes et qui devraient leur apprendre l'inanité de faire de longs projets.

Un soir, d'Aunay revenait d'une tournée dans ses fermes, le long de la rivière des Dauphins, en suivant le courant dans une barque menée à la pagaïe par un Indien. La lune était à son premier quartier et le ciel se chargeait de lourds nuages, de sorte que la nuit s'épaisissait sur la rivière. Ni d'Aunay ni l'Indien ne s'en inquiétaient. Ils connaissaient ce chemin d'eau pour l'avoir parcouru maintes fois, et seulement avaient hâte d'arriver le plus tôt possible au Port-Royal, parce que la pluie commençait de tomber, et le vent du nord s'élevait glacé, après avoir passé sur les banquises qui n'étaient pas encore fondues. D'Aunay pressait l'Indien, qui s'évertuait à pagayer. Lui, assis sur le banc d'arrière, songeait à Marie de La Tour, qu'il ne pouvait pas oublier.

Tout d'un coup, la barque crissa par le fond et s'immobilisa. Surpris, d'Aunay qui connaissait le cours de la rivière alluma la mèche de son briquet pour faire un peu de clarté. Il s'assura que l'embarcation était échouée sur du sable. Une tempête avec raz-de-marée, survenue la semaine précédente avait probablement bouleversé le lit de la rivière et fait apparaître ce nouveau banc que la marée descendante découvrait.

Cependant, l'accident était plus désagréable que périlleux. Il n'y avait qu'à attendre pour sortir du banc, que la marée montante remît la barque à flot ; mais jusque-là il fallait se résigner à passer la nuit dans l'obscurité glaciale. D'Aunay avait appris au contact des Indiens à ne pas manifester ses impressions, bonnes ou mauvaises. Il s'enveloppa dans sa couverture et attendit stoïquement le flux.

Au lever, il vit que la barque s'était enfoncée dans le sable de plusieurs pouces. L'Indien l'avait vu aussi, mais n'en disait rien pour ne pas paraître s'en émouvoir.

D'Aunay sonda le sable avec la pagaie et la pagaie s'enfonça jusqu'au manche.

La barque était échouée sur un banc de sable mouvant. Et personne n'est jamais sorti vivant d'un banc de sable mouvant au milieu d'une large rivière...

Une heure après, la barque avait disparu, complètement enlisée.

Le lendemain soir, la marée descendante apporta sur la plage le corps du seigneur du Port-Royal. Il fut enterré dans le petit cimetière où il repose encore. Mais on ne connaît pas exactement l'emplacement de sa tombe.

Le Père Ignace prononca son oraison funèbre, en rappelant les grandes œuvres qu'accomplit pendant vingt ans cet homme «très religieux, très généreux, très fervent »...

D'autres prétendirent que sa mort cruelle fut la juste punition d'une vie « pleine d'injustice et de tyrannie »...

*   *   *

Sitôt qu'il connut que le sort l'avait débarrassé de son rival, de La Tour partit pour Paris sur un vaisseau que lui prêta le gouverneur de Québec. Il débarqua en France au mois de novembre, alors que la Fronde en était à ses derniers soubresauts. Le prince de Condé, qui avait été le plus puissant protecteur de d'Aunay, s'était rendu impossible par ses fanfaronnades, ses brutalités et ses exigences. Mazarin, exilé à Rethel, mais qui dirigeait les affaires par une correspondance quotidienne avec la Régente, l'avait tout doucement laissé se couler. Le chancelier Séguier, l'ami du vieux comte de Charnisay était maintenant complètement inféodé au parti de la Cour, où de La Tour était en bonne posture, la légende répandue de l'héroïsme et de la sainte mort de sa femme, ayant tourné contre d'Aunay l'esprit mobile d'Anne d'Autriche.

Dans la ville, Ninon de Lenclos s'était faite le champion de la mémoire de son amie. Elle allait contant partout son histoire romanesque et l'affreuse barbarie de d'Aunay. Dès qu'elle sut que de La Tour était à Paris, elle l'invita à dîner et le présenta comme le mari de la sainte.

Il racontait l'histoire de sa femme, un peu différemment de la vérité, en se donnant le ton d'un veuf inconsolable. D'ailleurs il ne connaissait rien de ce qui s'était passé entre elle et d'Aunay, et ne chercha jamais à le savoir.

Enfin il eut encore la chance que la duchesse de Chevreuse se brouilla définitivement avec le prince de Condé parce qu'il refusa son consentement au mariage de sa fille avec le duc de Longueville. Sachant combien il était jaloux de son influence dans le Conseil du Roy, elle saisit l'occasion de l'humilier, en lui montrant que ce pouvoir était tombé à rien. Elle se fit présenter de La Tour dont Tout-Paris parlait, l'engagea vivement à demander au Conseil du Roy la révision de l'arrêt du 6 mars 1644, et elle enjôla Séguier et plusieurs conseillers de façon qu'elle fût assurée du succès.

L'affaire vint en séance au mois de février 1651. Le triomphe de La Tour fut éclatant au point qu'on demeure tout de même surpris d'un tel revirement...

« Etant bien informé et assuré de la louable et
« recommandable affection, peine et diligence de
« notre cher et bien-aimé Charles Saint-Etienne,
« chevalier de La Tour qui était ci-devant institué
« et établi par le feu roi notre père, gouverneur et
« lieutenant général de l'Acadie en Nouvelle-France,
« lequel depuis 42 ans a apporté et utilement employé
« tous ses soins, tant dans la confirmation des sau-
« vages dans la foi et religion chrétienne et instruc-
« tion de leurs enfants, que l'établissement de notre
« autorité dans toute l'étendue du pays, ayant par

« son soin et courage chassé les étrangers religion-
« naires ; ce qu'il aurait continué de faire s'il ne
« l'eût été empêché par défunt Charles de Menou,
« sieur d'Aunay, lequel favorisa les ennemis de La
« Tour en des accusations et suppositions qu'ils
« n'ont pas vérifiées.

« Savoir faisant, que nous, ayant pleine confiance
« du zèle, soin, industrie, courage, valeur, bonne et
« sage conduite du sieur de Saint-Etienne, et voulant,
« comme il est raisonnable reconnaître ses bons et
« fidèles services, avons par l'avis de la Reine
« Régente, notre très honorée dame et mère et de
« notre pleine puissance et autorité royale, icelui
« sieur de Saint-Etienne confirmé et confirmons à
« nouveau, autant que besoin est et serait, ordonné
« et ordonnons et établissons par ces présentes
« signées de notre main gouverneur et lieutenant
« général en tous pays terres et côtes de l'Acadie et le
« rétablissons dans tous ses biens injustement usurpés
« par défunt Charles de Menou, sieur d'Aunay. »

Quelques mois après, de La Tour, que le régle-
ment de ses affaires avait obligé de résider en France
plus longtemps qu'il n'aurait voulu, figurait dans
le cortège qui accompagnait au Parlement le jeune
roi Louis XIV, le jour de sa majorité.

Des gardes françaises formaient la haie du Palais-Royal jusqu'à Notre-Dame et ensuite au Palais de Justice.

En tête de la cavalcade marchaient les cinquante guides de la maison du roi. Après eux défilaient huit cents gentilshommes à cheval magnifiquement vêtus, quelques-uns portant un pourpoint de toile d'or. Ensuite, la compagnie des chevaux-légers de la reine, et celle des chevaux-légers du Roi, une compagnie à pied des archers des grands prévôts du Roi, la compagnie à pied des Archers des Cent Suisses, les gouverneurs des places fortes, les lieutenants du Roi en province et parmi eux le chevalier Paul, vice-roi des Indes occidentales et Charles Turgis de Saint-Etienne, chevalier de La Tour, vice-roi d'Acadie.

Derrière les hérauts d'armes, en cotte de velours cramoisi, semée de fleurs de lys d'or, caducées en mains, leur toque de velours en tête marchaient les maréchaux de France. Le comte d'Harcourt, grand écuyer de France, était seul, portant en écharpe l'épée du Roi attachée à son baudrier. Il était suivi des pages, des valets du roi, des huissiers et des massiers.

Enfin venait Louis XIV, entouré des princes du sang et suivi par les ducs et pairs.

« Jamais prince ne parut à la vue de ses sujets ni mieux fait ni plus agréable, toujours le chapeau à la main, saluant de bonne grâce et de la meilleure mine du monde. »

. . . .
. . . .

CHAPITRE XII

———

LA SUPRÊME VICTOIRE

Après la mort de son mari, l'histoire de « Haute et puissante dame d'Aunay de Menou-Charnisay » rappelle beaucoup le sujet de la comédie d'Henri Becque intitulée « Les Corbeaux ».

Avec huit enfants, quatre filles et quatre garçons dont l'aîné avait quatorze ans, son mari lui avait laissé une succession plus qu'embrouillée. Les grands travaux de drainage et de culture qu'il avait fait faire dans son domaine, sa flotte, sa garnison, ses hostilités contre de La Tour et ses nombreux voyages à Paris lui avaient coûté plus de huit cent mille livres, tandis que ses recettes n'avaient jamais été en proportion, bien que depuis la reddition du Fort Saint-Jean, il eût repris à son compte le commerce de pelleteries que faisait de La Tour. Il n'avait pas le sens commercial de son rival, et ne tirait pas le quart de ses profits.

En France, son père qui le représentait gérait ses affaires tant bien que mal, plutôt mal. Le comte de Charnisay avait alors près de quatre-vingts ans, et ce grand Seigneur, officier et diplomate n'avait jamais été en état ni en mesure de lutter contre « les méchants petits mercandets », qui s'abattaient comme une volée de corbeaux sur une fortune mal administrée.

C'est d'ailleurs à cette race ignoble de mercantis, voleurs patentés, que la France doit tous ses malheurs coloniaux.

Le principal de ces bandits était un nommé Leborgne, se disant du Coudray, armateur à la Rochelle, avec lequel d'Aunay était en compte depuis plusieurs années. Doucereux et humble, quand il ne pouvait pas être brutal et insolent, ce coquin fut le premier averti de la mort du seigneur de Port-Royal.

Aussitôt, ravi de l'aubaine, il s'encourut à Paris, rue de Grenelle Saint-Germain, chez le vieux comte de Charnisay et lui annonça sans ménagement la mort de son fils. Ensuite, profitant du saisissement du vieillard, il lui présenta, en s'excusant de sa hâte sur ce qu'il était pressé par ses affaires, une créance hypothécaire de deux cent cinquante mille livres, que d'Aunay lui avait reconnue. Le comte de Charnisay affolé le pria d'attendre quelque temps afin qu'il pût communiquer avec Port-Royal et avoir un état complet de la succession. Leborgne lui répondit en gémissant qu'il était lui-même pris dans les pires embarras, et anxieux d'en sortir. Quelques semaines après, il obtenait du Tribunal de l'Amirauté de Guyenne, le droit de saisir non seulement les navires de d'Aunay qui se trouvaient dans le Port de la Rochelle, mais encore le château de Charnisay, près de Loches, berceau de la famille.

« Ainsi, par la terreur, s'empara-t-il de l'esprit du sieur Charnisay que son grand âge rendait susceptible de toutes sortes d'impressions. »

Le vieillard, en qualité de subrogé-tuteur de ses petits-enfants, pour les biens situés en France, contresigna la reconnaissance de la dette de deux cent cinquante mille livres, qui en réalité était enflée, plus que de moitié.

En même temps, la dame d'Aunay de Menou-Charnisay avait été nommée tutrice de ses enfants, pour les biens situés en Acadie, avec le capitaine La Verdure comme subrogé-tuteur.

Cette complication de procédure permit à Leborgne d'envoyer à Port-Royal son âme damnée, un nommé Saint-Mars, pour y opérer une nouvelle saisie. Cette sous-fripouille voulut bien se contenter d'obliger la dame d'Aunay, en la terrorisant, à lui remettre tous les papiers relatifs aux transactions entre son mari et Leborgne. Ainsi le scélérat n'avait plus à craindre qu'une vérification des comptes établît sa fourberie.

Jeanne d'Aunay n'était ni énergique ni intelligente. Depuis la mort de son mari, elle vivait sous la coupe de Mme de Brice et du capitaine La Verdure, honnêtes gens d'ailleurs mais complètement incapables de lui donner un bon conseil, en matière d'affaires.... ou d'autres.

Elle ne savait que gémir :

« Mes pauvres enfants, vous resterez ruinés toute
« votre vie par la méchanceté et fourberie du sieur
« Leborgne qui m'a surpris et ravi malicieusement
« toutes les transactions concernant le peu de bien
« que j'ai toujours eu dans ma vie, et dont vous
« deviez jouir après ma mort. »

Lorsque bientôt après, le vieux comte de Charnisay mourut, la laissant à Paris sans aucun défenseur, ce fut un nouvel affolement. La dame de Brice avait un frère commis greffier au Parlement de Dijon. Elle le recommanda vivement à sa maîtresse en l'assurant qu'il était fort habile procédurier. Jeanne d'Aunay éperdue ne sachant plus à quel saint se vouer, lui envoya sa procuration.

A Paris, cet honnête bureaucrate ne trouva rien de mieux à faire que d'aller voir le chancelier Séguier qui avait été l'ami intime de feu le comte de Charnisay. Séguier lui conseilla de demander la protection du duc de Vendôme à qui le Roy venait de donner la charge de Grand Maître et Surintendant de la Navigation.

Ce personnage comique, fils d'Henri IV et de Gabrielle d'Estrées, était l'ancien Roi des Halles pendant la Fronde, l'idole de la populace parisienne, une sorte de Karagueuz, fanfaron, paillard, truculent et stupide, d'ailleurs le meilleur homme du monde. Sans doute ne savait-il même pas ce que c'était que l'Acadie. D'ailleurs, le haut et puissant duc de Vendôme, d'Etampes, de Beaufort, de Mercœur et de Penthièvre, prince d'Auer et de Martigues, ne voyait goutte dans ses affaires et il adressa le sieur de Sainte-Croix à son intendant, administrateur de ses biens, le conseiller de La Vieuville, secrétaire général de la Marine. Celui-ci comprit tout de suite quels grands profits il pouvait tirer, sous forme de commissions et de gratte. Après l'avoir convenablement intimidé et éberlué, il fit signer au sieur de Sainte-Croix un traité par lequel le duc de Vendôme s'engageait « à équiper des navires et les charger de toutes choses nécessaires pour l'entretien de la maison de la dame d'Aunay et de ses enfants, à payer la moitié des dettes de la succession, à secourir la dame d'Aunay en cas d'attaque, et à la rétablir si elle était chassée, ce moyennant la cession de la moitié de la seigneurie, à savoir le Fort de la rivière Saint-Jean. »

C'est-à-dire la seule partie de l'Acadie qui fût susceptible de rapporter des intérêts par le trafic des fourrures.

Le Roi ratifia ce beau traité par arrêt du 6 décembre 1651 « La veuve du sieur d'Aunay ayant grand « sujet d'appréhender que si elle n'est pas prompte- « ment et puissamment soutenue, d'hommes, de « vivres, d'argent et de vaisseaux, elle sera entièrement « dépossédée de ce qui reste en son pouvoir, elle a « eu recours dans ce pressant besoin à notre cher et « très aimé oncle le duc de Vendôme, Pair de France, « qui peut mieux que personne la retirer d'oppression « et la garantir avec ses enfants d'une ruine totale. « Mais d'autant que Notre oncle, le duc de Vendôme, « sera obligé de faire de grandes et immenses dépenses

« pour venir au secours de la dame d'Aunay, Nous
« autorisons par ce traité d'association, le duc de
« Vendôme et ses hoirs à devenir co-seigneurs de
« l'Acadie aux mêmes droits que la dame d'Aunay
« et ses hoirs. »

En rendant cet arrêt le Roi, ou plutôt le secrétaire
de la Marine qui l'avait rédigé, oubliait seulement
que la même année, le 16 février, par un arrêt
du Conseil dûment proclamé et affiché dans tous
les ports de France, :

« Notre bien-aimé Charles Turgis de Saint-
« Etienne, chevalier de La Tour avait été nommé
« seul gouverneur et lieutenant général en tous pays,
« terres et côtes de l'Acadie, et rétabli en la possession
« de ses domaines injustement usurpés par le sieur
« d'Aunay. »

Donc, la cession du Fort Saint-Jean au duc de
Vendôme était une duperie ou une inconcevable
gaffe administrative. En tous cas la veuve de Charles
d'Aunay était à peu près ruinée.

* * *

Quelques semaines après, le sieur de Sainte-

Croix était encore à Paris, lorsque le *Saint-Clément* battant pavillon de France entra dans la rade du Port-Royal. Il portait le sieur Charles Turgis de La Tour, lieutenant du Roy et gouverneur de l'Acadie.

Vêtu de son costume d'apparat, à peu près semblable à celui d'un amiral, il descendit à terre, précédé par deux trompettes. Cette fois La Verdure lui fit ouvrir immédiatement la grande porte du Fort, et d'abord il demanda à parler à la dame d'Aunay.

Comme, depuis plusieurs mois, aucun navire de France n'était venu au Port-Royal, Jeanne d'Aunay ignorait complètement la réhabilitation du sieur de La Tour et les nouveaux pouvoirs qui lui étaient conférés. Les aurait-elle connus, qu'au point de découragement où elle était tombée, elle n'en aurait pas été plus affectée que de tous ses autres malheurs.

Ainsi que jadis, elle refusa de voir le sieur de La Tour en s'excusant sur son état maladif, et le fit prier par Mme de Brice de dire au capitaine La Verdure le motif de sa venue. De La Tour, maintenant assez fort pour dédaigner les vaines susceptibilités, montra tout simplement au capitaine La Verdure l'ordre du Roi et le somma de le remettre immédiatement en possession du Fort Saint-Jean.

La Verdure en fut sidéré, mais les ordres du Roi étaient sans réplique. Deux heures après, il s'embarqua sur le navire du sieur de La Tour pour traverser la baie.

Au Fort Saint-Jean, il y avait une petite garnison qui fut aussitôt remplacée par les hommes que de La Tour avait menés avec lui. Pour rendre tout ce qui avait été pris dans le Fort et payer les dégâts du bombardement, La Verdure demanda quelques jours de délai que de La Tour lui accorda. Cependant, il exigea d'avoir le plus tôt possible une entrevue avec la dame d'Aunay afin de s'entendre avec elle directement. Elle ne put la lui refuser.

Quelques jours après, il revint au Port-Royal. Elle le reçut tremblante, s'attendant à voir un vainqueur insolent et exigeant.

De La Tour eut la coquetterie de déployer devant la pauvre femme toutes les séductions que la nature lui avait données. Bref, il fut charmant, comme autrefois d'Aunay l'avait été avec sa captive, lui demanda seulement la restitution des soixante dix mille livres et des fourrures prises dans le Fort Saint-Jean, et pour le reste l'assura qu'elle n'avait pas lieu de s'inquiéter. Mise en confiance, elle lui conta les agissements de Leborgne. Il s'en indigna et lui promit sa protection. Quand il la quitta, elle se sentait le cœur allégé.

Quelques jours plus tard, le sieur de Sainte-Croix arriva de Paris, portant triomphalement le traité d'association avec le duc de Vendôme. Devant cette complication nouvelle, la dame d'Aunay recommença de s'affoler. Elle dépêcha La Verdure au Fort Saint-Jean pour supplier de La Tour de venir aussitôt au Port-Royal et elle lui montra le nouvel arrêt du Roy. Il ne fit qu'en rire, sachant ce que valaient ces paperasseries et déclara à la dame d'Aunay qu'étant seul gouverneur de l'Acadie, il prenait la responsabilité de la défendre contre toutes les agressions, d'où qu'elles vinssent.

La dame d'Aunay ne pouvait moins faire que de l'inviter à souper avec elle, et cette nuit-là, il coucha au Port-Royal. Le lendemain était un dimanche. Il assista à la messe, près d'elle, sur son banc seigneurial, à la place que tenait autrefois le sieur d'Aunay.

C'était le jour de la Pentecôte. Dans l'après-dîner, il y avait sur la plage une espèce de bal champêtre. Les fermiers du domaine étaient habillés de grosses étoffes du Poitou avec des lisières aux jambes tenues par des nœuds de rubans. Les femmes avaient des

jupes de droguet vert ou noir relevées par des
liserés rouges, et des bonnets blancs. Tous ces braves
gens paraissaient heureux. Ils dansaient les bour-
rées et des rondes, et chantaient des chansons
de France.

Quand de La Tour revint au Fort Saint-Jean
si sauvage, hanté par de tristes souvenirs, il fut
pris d'une mélancolie qu'il n'avait jamais encore
ressentie. En fait, il avait maintenant près de soixante
ans, et après toutes les traverses de sa vie, il éprouvait le besoin de se reposer dans la douceur d'un
foyer. Cet aventurier avait décidément l'âme conjugale.

Pour fuir la solitude, il prit l'habitude de venir
passer les dimanches au Port-Royal. Il y avait conquis
toute la maisonnée par sa bonne grâce. L'austère
Mme de Brice le trouvait « agréable », bien qu'il
lui parût manquer de « principes » et le capitaine
La Verdure, grognon cependant de se trouver
dépossédé de son autorité, s'accommodait de lui.
Les enfants du sieur d'Aunay lui faisaient plus grise
mine, mais personne ne s'en souciait.

Quand il était auprès d'elle, Mme d'Aunay se
sentait rassérénée et, après son départ, elle retombait
dans ses inquiétudes. Dès le vendredi, elle pensait

avec plaisir que le surlendemain était le dimanche. Il lui arrivait de s'asseoir près d'une fenêtre qui donnait sur la baie, pour guetter si les ailes blanches du voilier de La Tour apparaissaient à l'horizon. Pendant l'hiver, des tempêtes empêchèrent quelquefois les navires de traverser la baie, et ces dimanches-là lui parurent particulièrement mornes.

Charles-Amador de La Tour s'attachait à elle, par le sentiment qu'il la protégeait.

Un matin, au Fort Saint-Jean, il fut surpris de recevoir la visite du capitaine La Verdure qui venait lui dire en toute hâte que Leborgne avait débarqué au Port-Royal.

Il trouva la dame d'Aunay éplorée. Leborgne était entré la veille dans le port, avec le *Château-fort*, vaisseau armé de cinquante canons, et il menaçait de détruire le Port-Royal s'il ne recevait pas quittance des deux cent mille livres que lui devait encore le sieur d'Aunay. Il prétendait que la saisie de ses vaisseaux dans le Port de La Rochelle et la vente de la seigneurie de Charnisay, au sieur de la Pétaudière, avaient à peine couvert la cinquième partie de la dette.

Ce misérable était aussi lâche devant la force, qu'insolent devant la faiblesse. De La Tour en eut facilement raison. Usant du pouvoir de haute et basse justice sur tous les « étrangers et habitants en Acadie », que lui conférait son titre de gouverneur, il fit tout simplement saisir et emprisonner le sieur Leborgne, et menaça de le pendre s'il ne se rembarquait pas, à la prochaine marée. Leborgne ne se le fit pas dire deux fois et le *Châteaufort* appareilla.

Mais, craignant un retour offensif de ce personnage puissant par ses richesses, et qu'il canonnât le Port-Royal, de La Tour engagea la dame d'Aunay à venir se réfugier avec ses enfants dans le Fort Saint-Jean, plus enfoncé dans la rivière et où elle serait à l'abri d'un coup de main. La dame d'Aunay, malgré qu'elle en eût fort envie, hésitait par des scrupules de convenance que l'on peut pressentir. Ce fut alors que de La Tour lui proposa tout carrément de l'épouser. Il ne cherchait pas un mariage d'amour, pas même d'intérêt puisqu'il se retrouvait beaucoup plus riche que la dame d'Aunay. Mais il s'était attaché à la veuve de son rival et puis quelle revanche des humiliations d'autrefois !

Pour elle, à tous les points de vue, cette union n'avait que des avantages. En épousant le chevalier

Turgis de Saint-Etienne de La Tour, vice-roi d'Acadie, elle ne dérogeait pas, et sa fortune et celle de ses enfants étaient sauvegardées. Il n'y avait qu'une ombre au tableau : l'hostilité ancienne entre d'Aunay et de La Tour, mais cela s'effaçait déjà dans le passé et il faut bien dire que Jeanne Motin avait gardé de son mari un souvenir teinté d'amertume. D'ailleurs elle ne souffla jamais mot à de La Tour de la passion que d'Aunay avait éprouvée pour Marie Jacquelin. Il faut louer Mme de Brice et surtout le capitaine La Verdure d'avoir eu la même discrétion...

Donc, après avoir beaucoup pleuré, elle demanda à de La Tour une semaine de réflexion, pendant laquelle elle pleura encore, consulta son confesseur, la dame de Brice, le capitaine La Verdure et ses deux enfants aînés. Mais, quoi que ces personnes eussent pu lui dire, elle était certaine qu'elle épouserait Charles-Amador de La Tour.

Le dimanche suivant, elle lui donna sa main.

Le mariage fut celébré le 24 février 1652 et enregistré devant Me Petit, garde-notes du Port-Royal. Le contrat signé par trois pères Capucins, les mêmes que Marie de La Tour avait si mal reçus quelques années auparavant, porte que de La Tour

« choisit le régime de la séparation des biens jusqu'à extinction des dettes du premier époux : il reconnaît à la dame d'Aunay, une dot de trente mille livres tournois en considération de l'amour qu'il lui porte, et assure égalité entre les mineurs des deux lits, en vue du principal but du présent mariage, qui est la paix et la tranquillité du pays, et la concorde et union entre les deux familles ».

Il ne paraît pas que Jeanne Motin ait jamais eu à souffrir de son second mariage. Elle eut de La Tour cinq enfants, malgré qu'il eût passé soixante ans. Mais les enfants qu'elle avait eus de d'Aunay ne purent pas s'entendre avec leur beau-père et dès qu'ils furent en âge, ils quittèrent le Fort Saint-Jean. Ses fils Joseph, Denis, Charles et Paul s'engagèrent dans les armées du roi Louis XIV, et furent tous les quatre tués à la guerre. De ses quatre filles, Jeanne, Renée et Anne entrèrent au couvent de la Bourdillière. La quatrième, Marie, chanoinesse au Chapitre de Poussay, mourut en laissant par testament tous ses biens et droits, en France et en Acadie, à ses frères et sœurs utérins. Il semble donc qu'elle ne leur gardait pas de rancune.

Après son mariage, de La Tour eut encore à supporter de longues luttes contre Leborgne.

Muni de l'autorisation du Parlement de Paris, le trafiquant s'empara du Port-Royal, que les Anglais commandés par Sedwigk, lieutenant de Cromwell, lui reprirent l'année suivante. Le capitaine La Verdure, promu commandant au service de Leborgne, capitula en livrant vingt-trois grands canons, cinquante barils de poudre et beaucoup de provisions. Toutefois, la garnison sortit avec les honneurs de la guerre, « l'arquebuse sur l'épaule, mèche allumée et tambours battant ».

Quelque temps après, Sedwigk attaqua le Fort Saint-Jean, et de La Tour, jugeant la résistance inutile, le céda sans coup férir, avec plus de deux millions d'effets. Alors il se souvint, encore une fois, qu'il était baronnet d'Ecosse et obtint de demeurer chez lui, sous l'allégeance britannique, avec le titre de lord of Saint-Dennyscourt.

Ainsi il put vivre tranquillement et mourir en paix, après une vie très agitée, au cours de laquelle il n'avait pas fait plus de mal que de bien.

Et c'est tout ce qu'on peut raisonnablement demander.

PIÈCES JUSTIFICATIVES

PIÈCES JUSTIFICATIVES

A

LETTRE DU ROI AU SIEUR D'AUNAY, POUR MARQUER SES
POUVOIRS ET CEUX DU SIEUR DE LA TOUR.

Monsieur d'Aunay Charnisay, voulant qu'il y ait bonne
intelligence entre vous et le sieur de La Tour, sans que la
limite des lieux où vous avez à commander l'un et l'autre,
puisse donner sujet de controverse entre vous, j'ai jugé
à propos de vous faire entendre particulièrement mon
intention touchant l'étendue des dits lieux, qui est que
sous l'autorité que j'ai donnée à mon cousin, le cardinal
duc de Richelieu, sur toutes les terres nouvellement découvertes par le moyen de la navigation dont il est surintendant,
vous soyez lieutenant général en la coste des Etchemins,
à prendre, depuis le milieu de la terre ferme de la Baie
Française, en tirant vers la Virginie, et la grande Baie des
Anglais, et que la charge du sieur de La Tour sera d'être
mon lieutenant général en la coste d'Acadie, depuis le milieu
de la dite Baie Française, jusqu'au détroit de Canceau,
et qu'ainsi vous ne pourrez changer quoi que ce soit dans

l'habitation de la rivière de Saint-Jean, faite par le dit sieur de La Tour, qui ordonnera de son économie et peuplade, comme il jugera à propos, et le dit de La Tour ne s'ingérera non plus de rien changer es-habitations de Port-Royal, ni du Port qui y est.

Quant à la troque, l'on en usera comme l'on a fait du vivant du commandant de Razilly. Vous continuerez au reste et vous redoublerez vos soins en ce qui est de la conservation des lieux qui sont dans l'étendue de votre charge, et spécialement prendrez garde qu'il ne s'établisse aucun étranger dans les pays et les côtes de la Nouvelle-France, dont les Rois mes précédesseurs ont fait prendre possession en leur nom. Vous me donnerez compte au plus tôt de l'état des affaires de « delà », afin que j'y fasse pourvoir et vous envoie les ordres que je jugerai nécessaires par les premiers vaisseaux qui iront en vos quartiers. Sur ce je prie Dieu qu'il vous ait, Monsieur d'Aunay Charnisay, en sa Sainte et Digne garde.

Signé : Louis, et plus bas Bouthillier.

B

Extraits du « Mémoire Instructif des choses que le ﹀sieur de La Tour a faites en la Nouvelle-France ».

. . . .

Le dit de La Tour, arrivé en l'an 1624, demeura dans le pays, courant par les bois avec 18 ou 20 hommes, se mêlant avec les sauvages, et vivant d'une vie libertine et infâme, comme bêtes brutes, sans aucun exercice de religion, n'ayant pas même le soin de faire baptiser les enfants procréés d'eux, et de ses pauvres misérables femmes, les abandonnant au contraire, à leur mère, comme encore à présent ils font, bien que le dit de La Tour ait vécu ouvertement dans son habitation de Saint-Jean avec une femme sauvage dont il a eu une fille qui fut plus tard baptisée sous le nom de Jeanne.

. . . .

Sept ans après, Desjardins, agent en France du dit de La Tour, lui ayant amené un vaisseau avec une femme qu'il lui conduisait pour l'épouser, laquelle est fille d'un barbier du Mans, et dont la vie est réputée par les mémoires qui seront produits, le dit de La Tour étant averti par Desjardins que le dit d'Aunay n'était pas au Port-Royal et qu'il y avait peu d'hommes dans le Fort, il parut incontinent et demanda à y entrer sous prétexte de vouloir aller épouser cette femme qu'il avait pour cet effet avec lui, mais l'entrée lui en ayant été refusée par le capitaine La Verdure, qui y commandait en l'absence du sieur d'Aunay, il fut contraint de se retirer. Sortant du Port-Royal il rencontra ledit sieur d'Aunay qui retournait sur ses deux vaisseaux, sans canons, deux pères capucins et peu de gens, lequel de La Tour surp.it et attaqua le dit sieur d'Aunay sans aucun sujet, en quoi il réussit si mal que lui et sa maîtresse furent pris par le dit sieur d'Aunay, ramenés au Port-Royal, auquel lieu ils furent traités très humainement par le sieur d'Aunay qui les maria et remit en liberté le dit de La Tour, sa femme et ses gens. Ensuite de quoi, ledit de La Tour n'osant faire paraître sa mauvaise volonté, et poussé par la méchanceté de sa femme, sourdement ne laissait pas de faire sous main des trahisons, semant parmi les sauvages des mauvais discours du sieur d'Aunay pour leur persuader de faire quelques désordres, si bien que les sauvages les plus proches de l'habitation du Port-Royal firent un soulèvement contre ledit sieur d'Aunay et dirent ensuite que c'était par la persuasion de La Tour et de sa femme de laquelle on se plaint autant que de lui...

. . . .

Quelque temps après le sieur de La Tour ayant appris qu'un vaisseau que Desjardins lui envoyait nonobstant les ordres du Roy était en mer proche du Fort Saint-Jean et qu'il ne pouvait y entrer à cause que le sieur d'Aunay tenait avec cinq vaisseaux l'embouchure de la rivière Saint-

Jean, où est son Port, il partit de nuit dans une chaloupe avec sa femme et s'en fut trouver son vaisseau, sur lequel il se transporta vers la grande baie où sont les Anglais, auxquels ayant fait croire que le sieur d'Aunay était un homme que le Roy avait déclaré criminel, lequel voulait prendre son Fort, il les priait de le venir assister pour prendre ledit sieur d'Aunay, et qu'il leur donnerait récompense. Auquel mensonge quelques-uns d'entre eux ayant ajouté foi, ledit de La Tour retourna vers les côtes d'Acadie avec cinq navires armés de guerre pour surprendre le sieur d'Aunay à l'embouchure de la rivière Saint-Jean. Ledit sieur d'Aunay ayant vu venir à lui le dit sieur de La Tour accompagné de quatre vaisseaux armés après les avoir reconnus lui-même, et remarqué qu'il n'était pas en état de soutenir cet effort, il se retira dans le Port-Royal, suivi desdits vaisseaux qui ne le purent joindre.

De La Tour, fâché d'avoir manqué son mauvais dessein, les Anglais s'en voulurent retourner dans leur baie. En se retirant ils rencontrèrent, dans la baie française, une pinasse du sieur d'Aunay, où il y avait pour plus de dix huit mille francs de pelleteries, lesquelles ils prirent, et se partagèrent comme voleurs, les Anglais en ayant eu les deux tiers et de La Tour le tiers...

C

LETTRE DE M. DE POUTRINCOURT AUX ÉCHEVINS DE PARIS POUR LEUR DEMANDER DU SECOURS

Nous avons aussi à regretter que le nom français peu à peu s'enmourra ici, si l'on n'y donne ordre de bonne heure, et vous seront les molues (la grande manne de votre ville et de l'Europe que ce pays vous donne gratuitement), tributaires au gré de l'Anglais qui nous traite hostilement par de çà, en a chassé les Jésuites et y ceux mené captifs avec leurs équipages, brûlé nos habitations et cet été a encore pris un navire de Dieppe. Cependant il peuple puissamment la Virginie et Vermude où il envoie des colonnes tous les ans et naguère est passée ici une flotte de cinq cents hommes avec nombre de femmes de la dite nation, laquelle s'est pourvue d'eau douce et de bois en mon voisinage. Il y a un conseil particulier pour la Virginie en Angleterre et des écoles à Londres, pour faire instruire les naturels du pays et jà promettent bien icy aux Anglais que quand ils auront ce qui est au delà, ils auront aisément le de a. Ce n'est chose, Messieurs, qu'il vous faille mépriser.

Vous êtes les Pères du peuple, c'est à vous de pourvoir à ce qu'on ne lui arrache pas le pain de la main. Il faut donc prévenir le dessein de l'Anglais, puisque nous le voyons de loin, et pourvoir à ce que ce pays soit plutôt habité de Français et garni de deux ou trois forts le long de cette côte pour son assurance et conserver la liberté de la pêcherie de deçà qui vaut tous les ans un million d'or à la France. Une petite dépense fournira à cela, Messieurs. Il faudrait un ou deux navires allans et venans qui conduiraient gratuitement ceux qui voudraient venir ici et quelques petits fonds pour nourrir quelque temps les plus pauvres.

Car il faut faire la première dépense moyennant qu'on pourrait retirer ici vos mendiants valides et soulager beaucoup de familles grevées de trop grand nombre d'enfants, voire mettre à l'aise plusieurs qui gémissent en secret et n'osent faire paraître leurs nécessités. Que si ces peuples barbares vivent au milieu des terres, pourquoi ne vivraient pas ceux à qui Dieu a donné l'invention de tant de métiers et qui ont la France voisine pour leur fournir les choses nécessaires aux dits métiers et à la vie.

La terre est icy bonne au labourage, Messieurs, la chasse est abondante et le poisson à foison. Et ne voudray point avoir fait échange du Pérou à cette terre si une fois elle était sérieusement habitée. Faites donc, Messieurs, quelques petites dépenses et ayez la gloire d'avoir icy planté le nom de Dieu et premier établi ce nom icy, et vous servez de nous tandis que vous pourrez le faire. Nous avons découvert toutes ces côtes au péril de nos vies. Elles nous sont cogneûes et nous avons l'intelligence et l'usage du langage de deça. Souscrivez-vous pour que pour peu de choses le nom français soit ainsi honoré par toute la terre. Vous qui avez pour marque les trophées navales de vos ancêtres, laisserez-vous perdre cette gloire et n'aiderez vous point à la navigation de la Nouvelle-France qui vous rendra un jour abondamment l'usure de votre dépense. Car, outre la grande manne de ses poissons, bois et prés se rempliront bientôt de bestiaux qui vous fourniront abondance de cuirs, graisse et chairs et laitage d'où votre peuple aura du soulagement, comme aussi les bois deça vous fourniront des navires. J'aurais beaucoup de choses à vous dire cy-dessus, lesquelles je laisse pour ne pas être ennuyeux et vous dire que si ce pays a été méprisé jusqu'ici, ça été par ignorance et par la malice des marchands. On dit qu'il y a longtemps qu'on parle du Canada et on n'en voit aucun fruit. Je réponds qu'il y a longtemps que nous ne sommes point assistés et qu'il est aisé de parler entre oisifs ou assis dans une chaise. Seulement je vous représente l'Anglais, vous laissant considérer ses desseins, et sur ce, je prie Dieu, Messieurs, vous donner accroissement de toute prospérité.

Votre très humble Serviteur
POUTRINCOURT.

Du Port-Royal, en la Nouvelle-France.
Ce 1er Septembre 1618.

D

LETTRE DU ROY A D'AUNAY CHARNISAY, CONTRE LE SIEUR DE LA TOUR.

Monsieur d'Aunay Charnisay,

J'envoie ordre au sieur de La Tour par lettre expresse de s'embarquer et de me venir trouver aussitôt qu'il l'aurait reçue, à quoi s'il manque d'obéir je vous ordonne de vous saisir de sa personne et de faire fidèle inventaire de tout ce qui lui appartient, copie duquel vous enverrez par « de ça » ; pour cet effet vous vous servirez de tous les moyens et forces que vous pourrez et mettrez les Forts qui sont entre les mains du sieur de La Tour, en celles de personnes fidèles et affectionnées à mon service qui puissent en répondre.

La présente n'ayant pas d'autre fin, je prie Dieu qu'il vous ait Monsieur d'Aunay Charnisay en sa Sainte garde.

Ecrit à Saint-Germain-en-Laye le 17e jour de février de l'année 1641.

Signé Louis et plus bas Boutillier.

E

TRAITÉ POUR LA LOCATION DES NAVIRES BOSTONIENS.

Accord fait le 30 juin, anno Domini 1643, entre Monsieur de La Tour, chevalier des ordres du Roy, lieutenant général de la Nouvelle-France, d'une part, et le capitaine Edward Gibbons et Thomas Hawkins, négociants et co-propriétaires des bons navires appelés *Seabridge, Phillipp-Mary, Increase, Grey-Hound*, tous les quatre de Massachusetts, Nouvelle-Angleterre. Lesquels pour leur compte et pour celui de leurs associés ont loué en frêt au dit Monsieur de La Tour, lesdits navires aux conditions suivantes :

1º Lesdits Edward Gibbons et Thomas Hawkins, et leurs ayants droit au nom des propriétaires des navires *Seabridge, Phillipp-Mary, Increase, Grey-Hound*, portant le premier, quatorze pièces de canon, seize bons matelots, de la poudre et des balles et des apparaux, pour lesdits seize hommes, le second et le troisième dix pièces de canon et douze matelots, le quatrième quatre mortiers et sept matelots.

S'engagent que lesdits navires seront prêts le 10 juillet a partir de Boston, pour de là par la grâce de Dieu, et sauf le danger de la mer, se rendre directement aussi près que se pourra du Fort dudit Monsieur de La Tour, dans la rivière Saint-Jean, et s'y mettre à l'ancre. Promettons en outre, donner assistance audit Monsieur de La Tour pour la défense du Fort dudit Monsieur de La Tour contre Monsieur Doney (*sic*) et contre tous ceux qui viendront attaquer ledit Monsieur de La Tour sur la route qu'il suivra pour se rendre à son Fort à l'embouchure de la rivière Saint-Jean.

Moyennant quoi, ledit Monsieur de La Tour, chevalier des ordres du Roy, lieutenant général de la Nouvelle-France, s'engage, lui, ses héritiers, exécuteurs testamentaires et administrateurs, à payer aux sieurs Edward Gibbons et Thomas Hawkins, deux cents louis par mois pour le navire *Seabridge*, cent vingt louis par mois pour le navire *Phillipp-Mary*, cent cinquante louis par mois pour le navire *Increase*, et cinquante louis par mois pour le navire *Grey-Hound*, laquelle somme il devra payer auxdits sieurs Edward Gibbons et Thomas Hawkins ou à leurs ayants droit, en pelleterie, au prix courant de Boston à la date dudit paiement Lequel paiement Monsieur de La Tour promet faire avant l'expiration de deux mois, à partir du jour du départ des navires de la baie de Massachusetts, et, s'il arrivait que les navires eussent terminé leur voyage avant l'expiration desdits deux mois, Monsieur de La Tour promet de payer nonobstant les deux mois entiers aux prix ci-dessus établis. Si Monsieur de La Tour avait besoin d'employer lesdits navires plus longtemps, il ne pourrait le faire que pour un mois et en ce cas il promet de payer les journées en plus des deux mois, en proportion des prix fixés ci-dessus.

Il est de plus convenu que ledit Monsieur de La Tour fournira pour lesdits navires de la poudre et des balles en quantités suffisantes selon le nombre de canons dont chaque navire sera armé, lesdits sieurs Edward Gibbons et Thomas Hawkins promettant de tenir compte à Monsieur de La Tour de la poudre à raison de sept louis le quintal, et des balles selon le prix courant de Boston, le tout en déduction du frêt des dits navires, bien entendu que si la poudre et les balles n'étaient pas entièrement consommées au service dudit Monsieur de La Tour, lesdits sieurs Edward Gibbons et Thomas Hawkins lui tiendraient compte de ce qui resterait au prix courant de Boston.

Il est en outre convenu et prévu entre les sieurs Edward Gibbons et Thomas Hawkins et Monsieur de La Tour que le butin et le pillage des marchandises et effets qui seront faits par les quatre navires susdits où l'un quelconque d'entre eux, seront partagés par portions égales entre les négociants propriétaires, marins et soldats selon la coutume usitée en pareils voyages.

Et pour l'entière exécution de tous et chacun des articles, conventions et obligations ci-dessus relatées dans toute leur partie, ledit Monsieur de La Tour cède et transporte audit sieurs Edward Gibbons, Thomas Hawkins et leurs ayants droit, son Fort de la rivière Saint-Jean avec les canons, poudre, balles et munitions qui y appartiennent et toutes ses propriétés dans lesdites rivières et côtes d'Acadie, ainsi que tous les meubles et immeubles qui y sont.

En teneur de quoi, les partis ont apposé leurs signatures et leurs sceaux...

LA TOUR, EDWARD GIBBONS, THOMAS HAWKINS.

F

ATTAQUE
PRISE DU FORT SAINT-JEAN.

L'an mil six cent quarante-quatre, le vingt-cinquième jour d'octobre, deux mois après la signification faite de l'arrest du Conseil en date du 5 mai de la mesme année au sieur de La Tour et à tous ceux qui estoient avec luy dans le fort de la rivière Saint-Jean par la Montjoie le 15 septembre 1644. M. Charles de Menou, chevalier seigneur d'Aunay Charnisay, gouverneur et lieutenant général pour le Roy dans toute l'étendue des costes d'Acadie pais de la Nouvelle-France, veu le refus du dit de La Tour et l'obstination dans laquelle estoient ses gens, equipa de rechef deux de ses chaloupes pour tenter par les voies de douceur de ramener ces esprits rebelles à l'obéissance qu'ils doivent à Sa Majesté, pour lequel effet mon dit sieur députa un lieutenant de son vaisseau pour commander une d'icelles et son sergent pour l'autre avec commandement de sa part d'aller à la rivière Saint-Jean faire tout effort pour adroitement remonter quelqu'uns de ces esprits rebelles, les emboucher et leur donner lettres pour leurs camarades signés de mon dit sieur avec assurance d'abolition de leurs crimes et payements de leurs gages s'ils se rangeoient à leur devoir de véritables sujets, leur devant montrer comme les arrêts du conseil obligeoient mon dit sieur à pareils traitemens. Ce qu'ayant fidellement exécuté ils ne receurent pour toute réponse qu'injures et imprécations de ces malheureux et huit jours

après la femme du dit sieur de La Tour arrivant à la rivière
de Saint-Jean conduite par un vaisseau anglois obligea
son mary d'aller à Boston vers les Anglois se déclarer de
leur religion, comme elle venoit de faire et leur demander
un ministre pour son habitation et par là obliger tout le
corps des Anglois à les maintenir dans leurs biens avec
offre qu'ils partageroient toute la coste d'Acadie après
qu'ils s'en seroient rendus maitres : Et le 28 de janvier 1645
la dite dame parla si insolemment aux reverends pères
Capucins qui pour lors estoient dans son habitation que
faisant la Démoniaque et mépris scandaleux de la religion
Catholique, apostolique et romaine, son mary prèsent,
qui adhéroit à toutes ses actions, ils furent contraints de
sortir et chercher moyen de se retirer, quoyque dans ces
contrées l'hiver soit très rigoureux, ce que le dit sieur de
La Tour et sa femme leur octroierent avec dérision et
injures leur donnant pour cet effet une vieille pinasse qui
couloid quasy bas d'eau avec deux bariques de bled d'Inde
pour toutes vitailles, ce qui sera justifié par une attestation
de ceux mesmes qui estoient dans le service du Sieur de
La Tour et sa femme et une lettre d'un des susdits pères
Capucin, supérieur dans le dit lieu et huit ou neuf des
gens du dit Sieur de La Tour counoissant le déplorable
estat de cette habitation ed la formelle rebellion du sieur
de La Tour sa femme, et du reste de leurs camarades
contre le devoir à Dieu et au Roy, se retirèrent semblable-
ment et accompagnèrent les dits révérends pères Capucin,
lesquels avec beaucoup de périls se vinrent rendre dans
le Port-Royal demeure ordinaire du sieur d'Aunay, lequel

après avoir esté imbu de tout ce que dessus les receut tous humainement envoiant les deux religieux dans la maison des Reverends pères Capucins missionnaires qui les receurent avec tant d'affection et les firent tant de charité et saints offices qu'ils en demeurent tous confus aussy bien que les huid personnes qui les accompagnoient, voyant le favorable accueil que leur fit mon dit sieur qui ne se contenta pas de les loger et nourrir comme les siens propres mais les paya leurs gages que ledit de La Tour de tant d'années qu'ils l'avoient servy leur avoid refusé. Ce qui est prouvé par une reconnoissance de ces mesmes personnes pour les sommes qui leur ont été mises entre les mains, signée de leurs mains. Ce régalement ayant esté donné comme dessus est dit, mon dit sieur s'informant plus particulièrement de l'estat au quel estoient ces misérables esprits, l'obstination du reste de ceux qui estoient demeurez avec le dit La Tour, et qu'il estoit party pour aller vers les Anglois dans Boston pour tascher de renvoyer comme jà cy dessus est dit le traitté de paix fait avec les dits Anglois et le sieur Marie confident de mon dit sieur d'Aunay et engager par mesme moyen quelque marchand pour amener quelques vitailles dans la rivière Saint-Jean dans la quelle il n'avoit laissé que quarante-cinq personnes, ce que mon dit sieur considérant fit assemblées de tous les officiers qui pour lors estoient auprès de sa personne, où il fut conclud de prendre cette occasion aux cheveux. Et quoyque ne le peut quasy permettre et qu'il falloit risquer pour une affaire de telle conséquence, ce qui obligea mon dit sieur de monter le plus grand de ces navires du port de trois cents tonneaux, équipés en guerre, pour se mettre en garde à l'entrée de la rivière Saint-Jean afin de surprendre le dit La Tour avec une partie de son monde, qui pensoit à la faveur de la rigueur de l'hiver faire son voyage sans qu'il en fust aucune nouvelle, ce que mon dit sieur ayant exécuté et pris rade à une lieue du Fort de la rivière Saint-Jean assisté d'un religieux Capucin missionnaire et des deux susdits, envoya derechef vers la dite femme La Tour et tous ceux qui pour lors estoient avec elle le Réverend père André, Capucin, par une de ses chaloupes, le quel se promettoit d'attirer peutestre quelqu'uns à resipiscence, leur faisant connoitre le bon accueil que luy et leurs camarades avoient receu de mon dit Sieur, ce qui ne réussit non plus que les autres fois du passé. Deux mois s'écoulèrent dans semblable attente, après quoi mon dit Sieur prid résolution de battre le fer pendant qu'il estoit chaud, voyant un de ses navires aussy équipé en guerre qui l'estoit venu trouver du Port Royal selon qu'il l'avoit ainsy ordonné accompagné d'une pinasse aussi chargée de monde et après avoir réallié de de toutes ses habitations les personnes capales de porter mousquets, il fit descendre une bonne partie de ses hommes à terre ed mettre deux pièces de canon avec ordre de les mettre promptement en batterie le plus proche du Fort de la rivière de Saint-Jean qu'ils pourroient avec assurance qu'aussytost qu'ils auroient effectué son commandement ils approcheroient ce navire à la portée du pistolet, afin que sans donner jour aux assiégés de se reconnoistre, on pust faire un tonnerre et par mer et par terre, donner à mesme temps qu'il y auroit breche faite. Pendant l'exécution de

ces ordres un petit navire Anglois se présenta pour entrer
dans la dite rivière chargé de vitailles et munitions de
guerre, dans lequel il y avoit un des domestiques du dit
La Tour qui estoit chargé de lettres de son maistre pour
la ditte dame sa femme qui l'assuroit dans un mois ou deux
venir la trouver en meilleur estat et posture qu'il pourroit.
Le dit domestique avoit outre plus une lettre du gouverneur
de la grande baye des anglois addressante à la dite dame
par laquelle il l'exhortoit à faire son profit des instructions
qu'elle avoit receues pendant sa résidence. Le dit navire
fut pris et arresté par mon dit Sieur et l'équipage renvoyé
au lieu d'où il estoit party, avec une chaloupe que mon
dit sieur leur donna pour cet effet, lequel estant une fois
de retour fit rapport à messieurs les magistrats du gouvernement des anglois que leur navire avoid esté pris en négotiant avec les françois et que le traité de paix qu'ils avoient
fait avec le sieur Marie nestoit gardé avec mil autres plaintes
dont ils vouloient couvrir le sujet de leur voyage, ce qui
obligea ces messieurs de députer un exprès vers mon dit
sieur pour luy demander raison du bien pris par luy sur
un de leurs marchands contre les articles de paix que le
sieur Marie, confident, leur avoit laissé signer de sa part.
A quoy mon dit sieur leur fit response et déclara à leur
député la fourbe de leur dit marchand, le quel par un désir
de lucre abusoit de leur commission et au lieu d'aller
négotiant dans les habitations des véritables François, il
alloit rompant par luy mesmes ce traité de paix passé entre
ses magistrats et le sieur Marie confident, portant ainsi
frauduleusement des munitions de vivres et de guerre pour

maintenir des rebelles dans leur désobéissance et contre le devoir qu'ils doivent à leur prince naturel. Toutes les quelles raisons payerent entièrement et le député et messieurs les magistrats de la Grande Baie le susdit député estant party et mon dit sieur d'Aunay ayant reçue nouvelle que la batterie estoit en estat et ses gens qui estoient à terre disposés à faire ce qu'il leur ordonneroit, se résolut de haster le pas et avant que le dit sieur de La Tour en eust le vent faire tout son effort, ce qui luy arriva si Heureusement qu'après avoir encore une fois sommé ces malheureux, lesquels lui envoierent pour réponse une vollée de canon à balle, aborant le pavillon rouge sur leurs bastions avec mil injures et blasphemes et avoir fait battre le dit fort de la Rivière de Saint-Jean tant par terre que par son grand navire, qu'il avoit emmené à portée de pistolet d'iceluy ce qui rasa une partie de leurs parapets il s'en rendit maistre par un assaut général qu'il fit donner sur le soir de la mesme Journée le Lendemain Pasques ce qui fut accompagné d'une si grande bénédiction de Dieu, que quoyque la perte des hommes que mon dit Sieur à fait soit grande elle eut esté encore plus sanglante.

Une partie des assiegèz furent tuez dans la chaleur du combat et l'autre fait prisonniers entre autres la femme du dit La Tour, et sa fille de chambre et une autre femme qui est tout ce qu'il y avoit dans le dit fort de sexe féminin toutes lesquelles ne recurent aucun tort ny à leur Honneur ny à leurs personnes. Une partie des prisonniers reçut grace de mon dit Sieur et le reste des plus seditieux fut pendu et étranglé pour servir de mémoire et d'exemple à la postérité, d'une si obstinée rébellion ce qui est prouvé par l'attestation qu'en ont rendue et signée une bonne partie de ceux qui ont reçue la vie et pareille gratification.

Le lendemain 18 avril 1645 mon dit Sieur fit inhumer tous les morts tant de part que d'autre avec la distinction pour tant requise en telle rencontre du party faisant prier Dieu et faire un service solemnel à tous ceux que deux reverends pères capucins missionnaires qui avoient esté présens à tout jugement estre deu, ce qui est prouvé aussi bien que tout ce que dessus par une attestation authentique des mesmes susdits révérends pères Capucins missionnaires après quoy mon dit Sieur fit travailler pour combler les travaux faits de dehors par les assiègeants et reparer ceux de la place mettre ordre aux deffauts d'icelle par luy reconnus et faire inventaire de tout ce qui se trouva de reste dans icelle après le pillage fait par les compagnons que mon dit Sieur leur avoit donné et faire ensuite renvituailler le dit lieu de toutes choses necessaires pour la conservation d'icelui et enfin poser une personne capable et fidèle pour le service du Roy.

Le Présent procès verbal a esté fait par nous, André Certain prevost et garde du Scel Royal de La Coste d'Acadie pays de la Nouvelle france à la requeste de Monsieur d'Aunay Charnisay Gouverneur et Lieutenant général pour le Roy en toute l'etendue de la Coste d'Acadie pays de la Nouvelle France le 10ème jour de May 1645 et rendu et dès le mesme jour et an que dessus pour lui servir et valoir aussi que de raison.

Le tout en présence de tesmoins et principaux chefs des Francois qui ont dans la dite coste signé Longvilliers Poincy, Bernard Marot, Dubreuil Vismes, Javille, Jean Laurent, Henry Dammartin, Barthelemy Aubert, Leclerc et Certain prèvost et Garde du Sceau Royal.

G

LETTRE DE MADAME D'AUNAY AUX MAGISTRATS DE BOSTON, APRÈS LA MORT DE SON MARI.

Dieu ayant il y a environ un an comme vous avez pu l'apprendre appelé à lui, Monsieur d'Aunay d'heureuse mémoire, mon très honoré Seigneur et époux, je me suis trouvé dans un état de cruel abandon et n'appercevait rien au monde qui pût atténuer ma détresse dans une situation si pénible. Mais le Roy dans sa bonté jetant un regard sur ma famille, a daigné nous venir en aide par l'entremise de Monsieur de Charnisay, père de Monsieur d'Aunay et nous accorde ses lettres patentes qui nous confirment en la propriété et gouvernement de toute l'Acadie et les pays adjacents, nous promettant à cet effet sa protection Royale et l'appui de sa puissance dont nous avons déjà eu des preuves par de notables assistances. J'ai pensé messieurs que dans les relations de bon voisinage et d'alliance qui existent entre nous, il serait bon de vous informer des faveurs que j'ai reçues de Dieu et de Sa Majesté. C'est le motif de ce message que je vous envoie par le Sieur de Saint-Mars, homme de notabilité et de mérite, en qui j'ai confiance et qui vous assurera de la bonne volonté que j'ai de vous servir et de l'intention où je suis d'entretenir la bonne intelligence qui esistait entre nous des temps de Monsieur d'Aunay.

Priant Dieu de vous conserver, je suis, Messieurs, votre très affectionnée bonne amie.

Signé : Jeanne MOTIN,
Veuve de Défunt M. d'Aunay.

Au Port-Royal, le 27 mai 1651.

H

Chanson canadienne « A la Claire Fontaine »

A la Claire Fontaine
M'en allant promener
J'ai trouvé l'eau si belle
Que je me suis baigné

Et c'est au pied d'un chêne
Que je me suis reposé
Sur la plus haute branche
Le Rossignol chantait.

Chante Rossignol, chante
Toi qui a l' cœur gai !
J'ai perdu ma maitresse
Sans l'avoir mérité.

Pour un bouquet de roses
Que je lui refusai
Je voudrais que la rose
Fût encore au rosier !

TABLE DES MATIÈRES

Avant-propos 7

Chapitre   I. — Pour la Croix et les Lys 11

Chapitre   II. — Il n'est telles haines que de voi-
                  sinage 40

Chapitre   III. — La mission délicate 55

Chapitre   IV. — La visite de noces 66

Chapitre   V. — Marie de La Tour ne désarme pas 77

Chapitre   VI. — Le voyage inutile 92

Chapitre   VII. — Chez les Puritains 117

Chapitre VIII. — La Commandante 142

Chapitre   IX. — La Prisonnière 152

Chapitre   X. — Le Royaume de Dieu 166

Chapitre   XI. — La Roue tourne 190

Chapitre   XII. — La suprême victoire 207

Pièces justificatives.......................... 225

SOCIÉTÉ D'IMPRIMERIE D'AMBILLY-ANNEMASSE (HAUTE-SAVOIE) — III/1927